早知道就讀這本・

圖解日本史

河合敦——著
劉錦秀、劉姍珊——譯

❶ 修復完成的大型掘立柱建築

❷ 修復完成的掘立柱建築

出土的土偶、岩偶、三角土

三內丸山遺址

三內丸山遺址是繩文時代中末期的大型村落遺跡，挖掘於青森市郊外。目前已經在此發現豎穴式住居、大型掘立柱建築、環狀配石墓以及儲藏坑等遺跡。特別是位於遺跡西北處的大型掘立柱建築遺跡，有6個直徑大約1公尺的坑洞，呈長方形排列，可以想見這裡原本可能是神殿、瞭望台或是紀念碑等。

❸ 四周以石頭圍繞的環狀配石

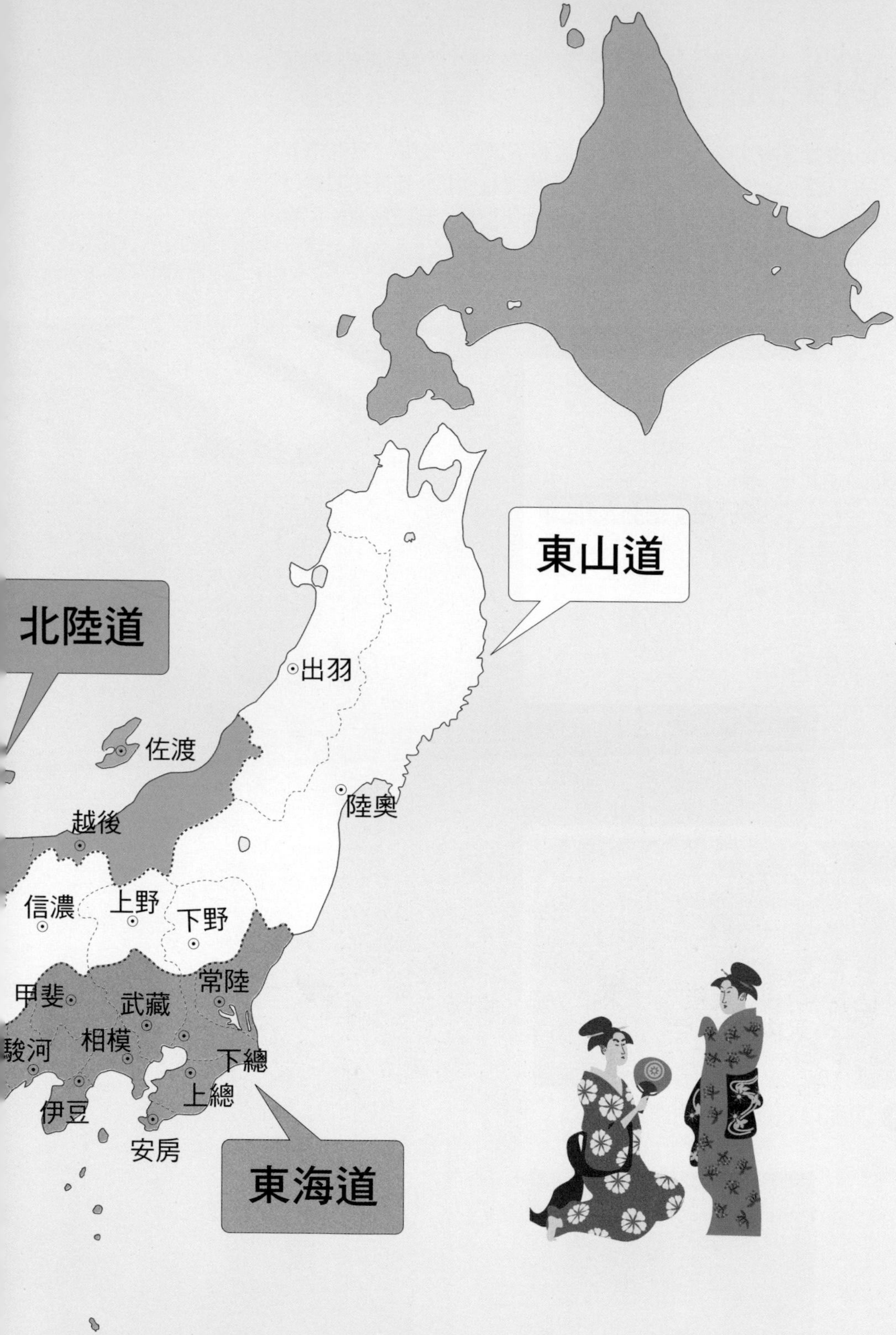
東山道
北陸道
出羽
佐渡
陸奥
越後
信濃
上野
下野
甲斐
常陸
武蔵
駿河
相模
下總
伊豆
上總
安房
東海道

古代的行政劃分（五畿七道）

五畿七道是8世紀初隨著律令制的完備，在日本全國設置的行政區劃。將朝廷統治的地區劃分為畿內（山城、大和、河內、攝津、和泉）和七道（東海道、東山道、北陸道、山陰道、山陽道、南海道、西海道），並與同名的主要道路連接。

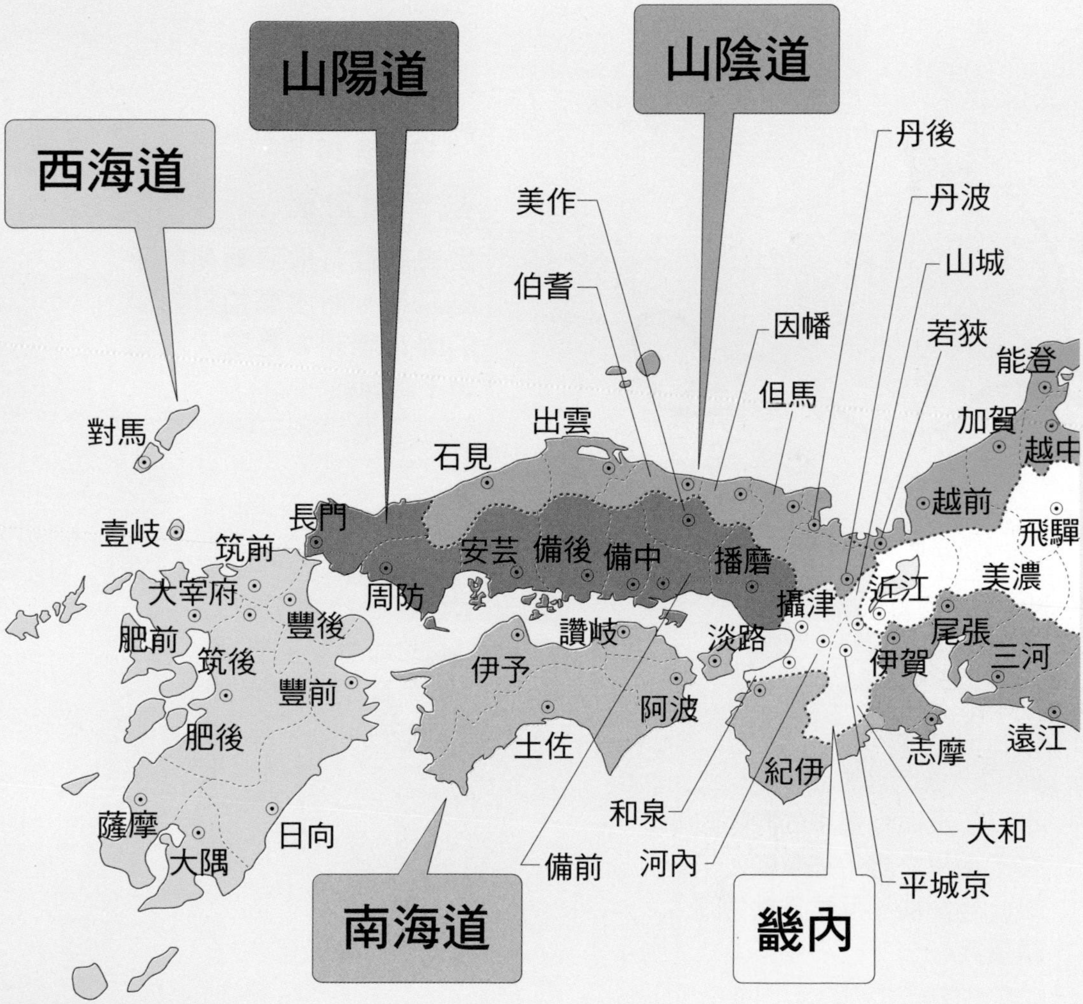

1184 年 1 月

宇治川之戰

在這場戰役中，源賴朝派出的源氏軍打敗控制京都的源義仲。

1183 年 5 月

俱利伽羅峠之戰

據說源義仲採用「火牛戰術」擊敗平氏的大軍，又稱礪波山之戰。

1180 年 10 月

富士川之戰

受命前往打敗源賴朝的平維盛軍，將水鳥拍打翅膀的聲音誤認為是敵人，最後不戰而敗。

1180 年 8 月

石橋山之戰

奉以仁王的命令舉兵的源賴朝敗給平氏的大庭景親等人後逃到安房。

1180 年 5 月

源賴政舉兵

奉以仁王命令進軍的源賴政在宇治川之戰中被擊敗。但以此為契機，反平氏勢力陸續舉兵。

源平合戰與平氏的滅亡

從以仁王舉兵到壇之浦之戰，在這近6年的時間裡，日本各地爆發了大規模的內亂。最後的結果是，源賴朝統一全國，平氏一族滅亡。

→ 源（木曾）義仲軍的路線
→ 源賴朝勢力的路線
⚔ 主要交戰地

1184 年 2 月

一之谷之戰

源義經以「從鵯越縱馬而下」的方式突襲平氏軍而聞名。

1185 年 2 月

屋島之戰

源義經在暴風雨中出航，從平氏背後發動突襲，將平氏趕出屋島。

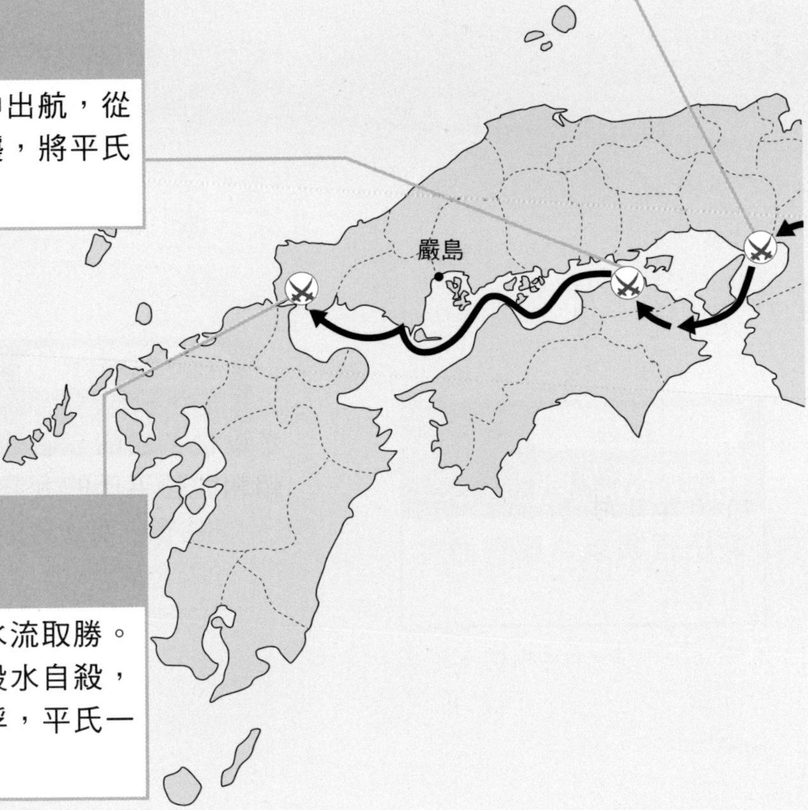

1185 年 3 月

壇之浦之戰

源氏軍利用潮汐水流取勝。至此，安德天皇投水自殺，領軍的平宗盛被俘，平氏一族幾乎滅門。

1553～1564年
川中島之戰
武田信玄和上衫謙信交鋒了5次，勝負未分。
南部
最上
上杉謙信
伊達
畠山
春日山
蘆名
神保
本願寺（一向一揆）
宇督宮
朝倉義景
諏訪
佐竹
一乘谷
結城
武田信玄（信玄）
古河（古河公方）
淺井長政
齊藤道三
稲葉山
織田信長
府中
江戸
六角義治
清州
德川家康
府中
小田原
北条氏康
北畠
今川義元
松永久秀
里見
1546年5月
河越城之戰
北条氏康擊破足立晴氏、上衫憲政和上杉朝定組成的聯合軍。
1560年6月
桶狹間之戰
織田信長以奇襲擊敗今川義元。

戰國時代有權勢的大名

自應仁之亂後，隨著以下犯上的風氣日益高漲，開始出現不依靠傳統和權威，只靠武力就成為一國一城之主的武將。其中，織田信長嶄露頭角，在掌控京都後，於近江建造了安土城。

庶民的職業

▲刀匠（《彩色職人部類》）

▲賣糖人（《惠合余見》）

畫謎看板

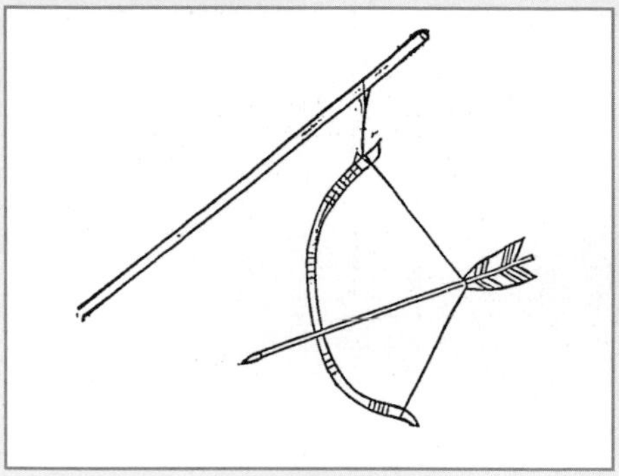

▲錢湯的看板→射箭（日語音同泡湯）
（《類聚近世風俗志》）

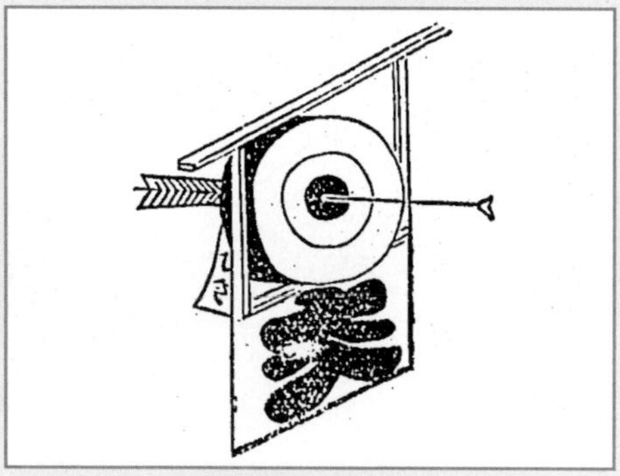

▲劇場的看板→射中靶心（表示演出大獲成功）
（《類聚近世風俗志》）

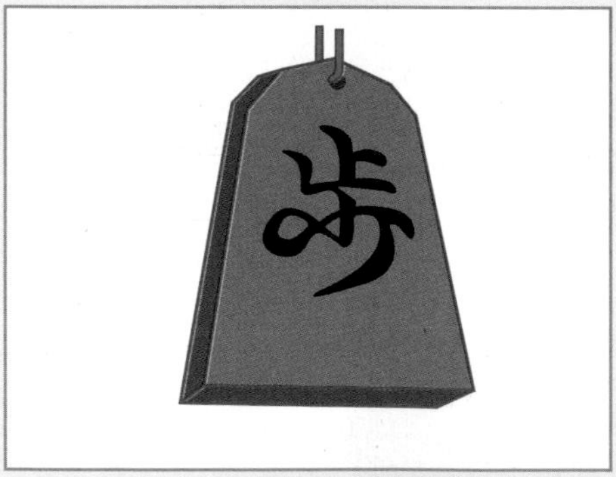

▲當鋪的看板→將棋的棋子（意思是進去後就會變成錢）

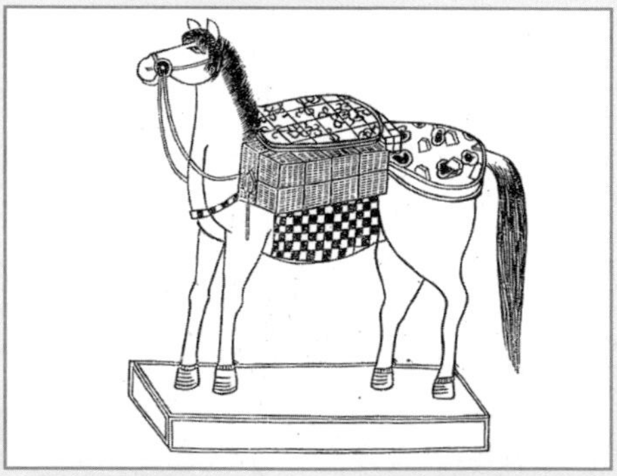

▲饅頭店的看板→烈馬（《工商技芸看板考》）

*1 巷道裡的房子。
*2 面向主要街道建造的房子。
*3 在日本建築中，沒有鋪設地坂或是用三合土、石頭或磚頭製成的區域。
*4 立在枕邊的矮小屏風。

江戶庶民的生活

在江戶時代，大部分的居民都是全家人一起住在長屋*1生活。長屋裡沒有浴室和廁所，也沒有壁櫥。水是從位於裏長屋一角的水井中汲取後，裝在木桶裡搬運，相當地珍貴。在悠久的日本歷史中，江戶時代是庶民文化首次開花結果的時代。

▲水井一帶的景色（《画帖時世粧》）

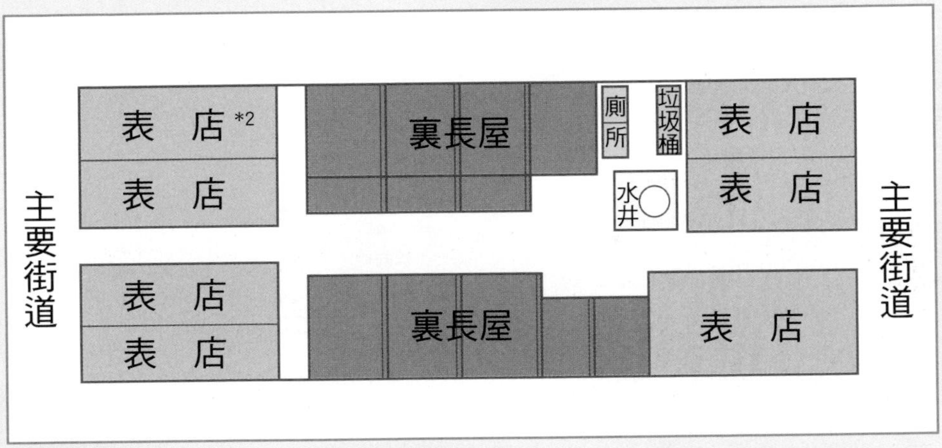

▲長屋的構造

▲長屋的景色（《竈の賑ひ》）

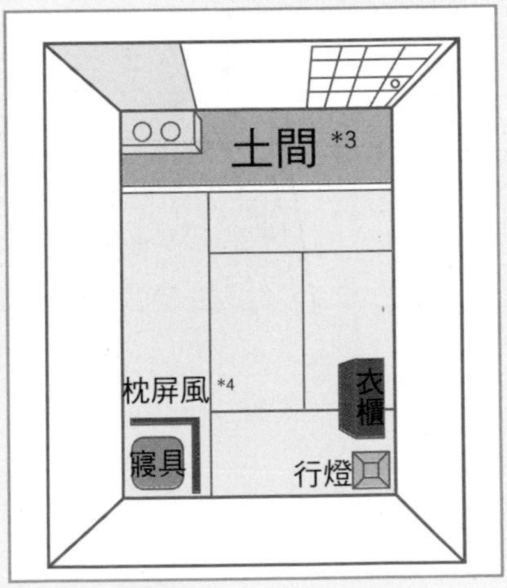

▲長屋的平面圖

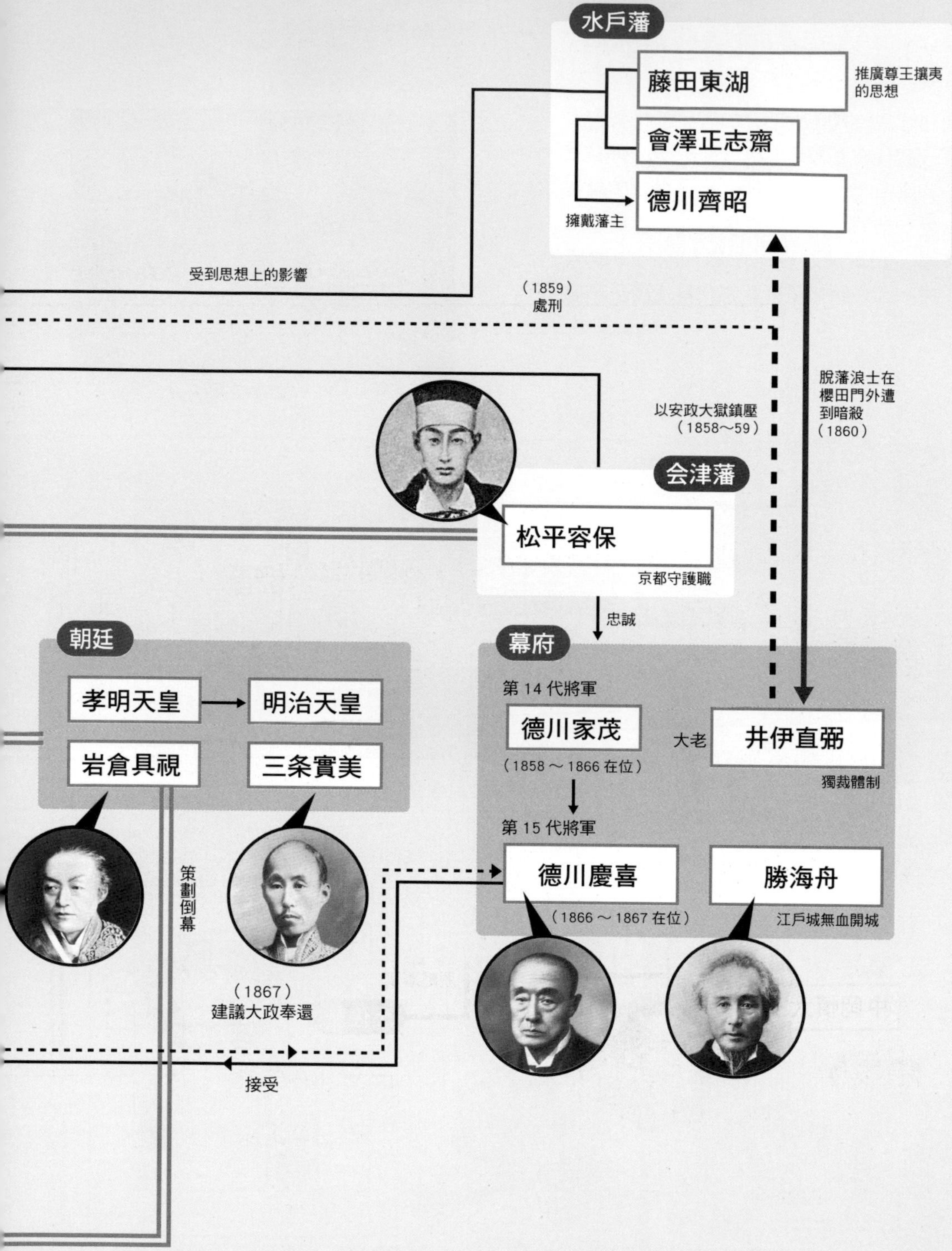

水戶藩
藤田東湖
推廣尊王攘夷的思想
會澤正志齋
德川齊昭
擁戴藩主
受到思想上的影響
（1859）
處刑
以安政大獄鎮壓
（1858～59）
脫藩浪士在櫻田門外遭到暗殺
（1860）
会津藩
松平容保
京都守護職
忠誠
朝廷
孝明天皇
明治天皇
岩倉具視
三条實美
策劃倒幕
（1867）
建議大政奉還
接受
幕府
第 14 代將軍
德川家茂
（1858～1866 在位）
大老
井伊直弼
獨裁體制
第 15 代將軍
德川慶喜
（1866～1867 在位）
勝海舟
江戶城無血開城

幕末人物關係圖

幕末人物之間的關係，因為尊王攘夷、公武合體、討幕運動的主角頻繁地替換而顯得相當複雜。在短短的10年間，德川幕府的威信一落千丈，最終在薩長軍為主的新政府軍進入江戶後宣告瓦解。

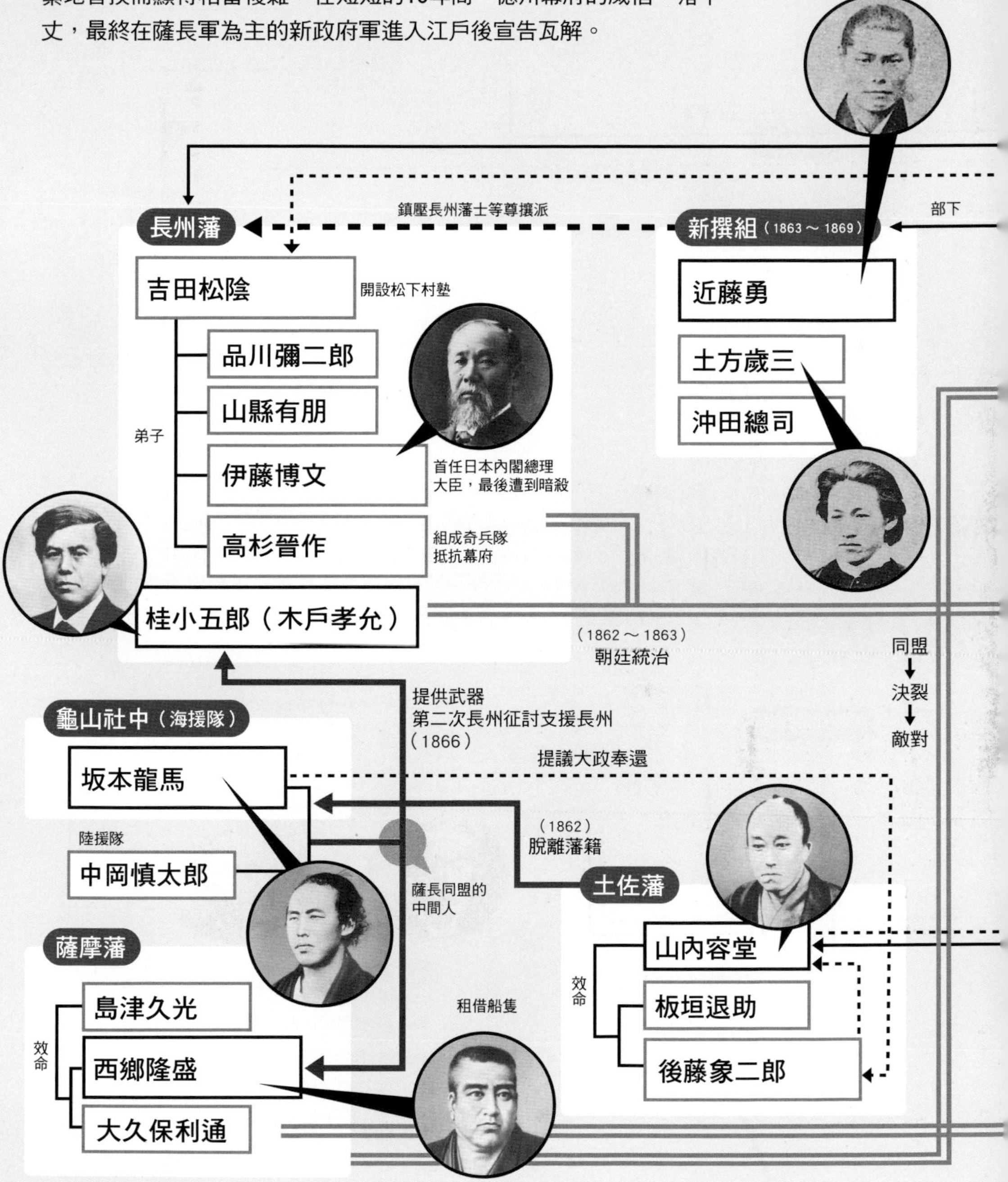

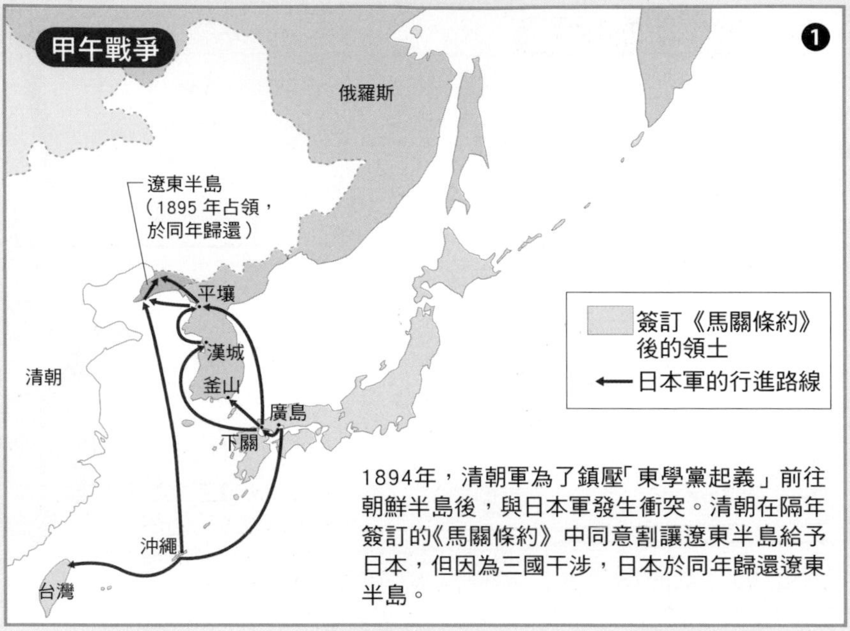

1894年，清朝軍為了鎮壓「東學黨起義」前往朝鮮半島後，與日本軍發生衝突。清朝在隔年簽訂的《馬關條約》中同意割讓遼東半島給予日本，但因為三國干涉，日本於同年歸還遼東半島。

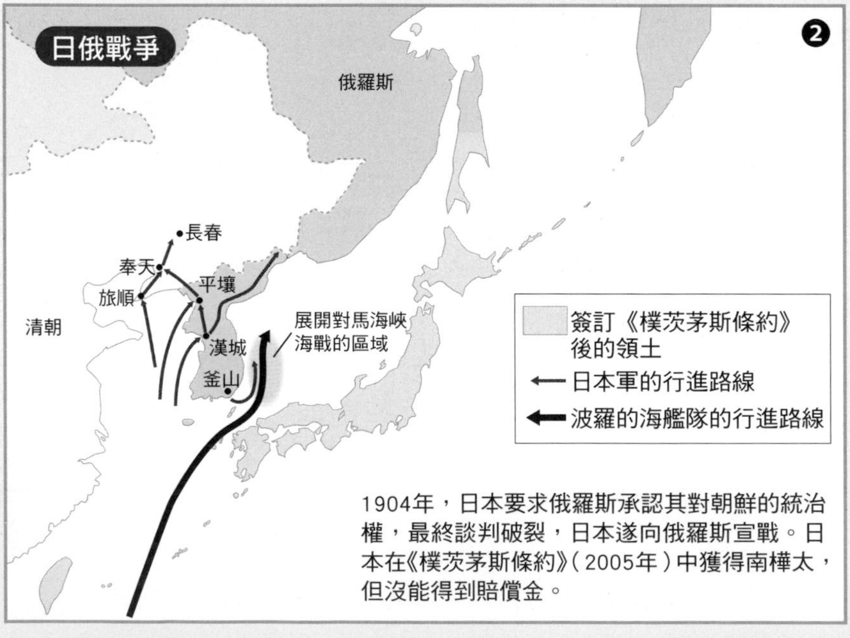

1904年，日本要求俄羅斯承認其對朝鮮的統治權，最終談判破裂，日本遂向俄羅斯宣戰。日本在《樸茨茅斯條約》（2005年）中獲得南樺太，但沒能得到賠償金。

日本領土擴大

日本是亞洲地區最早實現近代化的國家，其打著「富國強兵」的口號進軍亞洲，並推行殖民政策。日本在併吞韓國後持續與中國開戰，最終掀起太平洋戰爭。剛開始日本還可以擴大戰線，但同盟國的軍隊在物資上占據壓倒性優勢，最終日本受到壓制，並在1945年無條件投降。

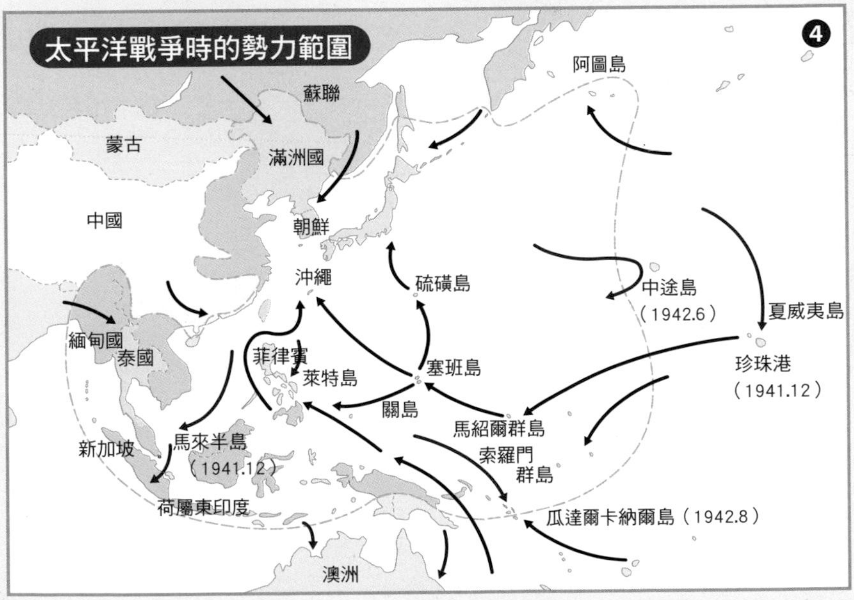

--- 日本的侵略路線　→日本軍的攻擊路線　→同盟國聯軍的攻擊路線

日本戰後主要政黨的變遷

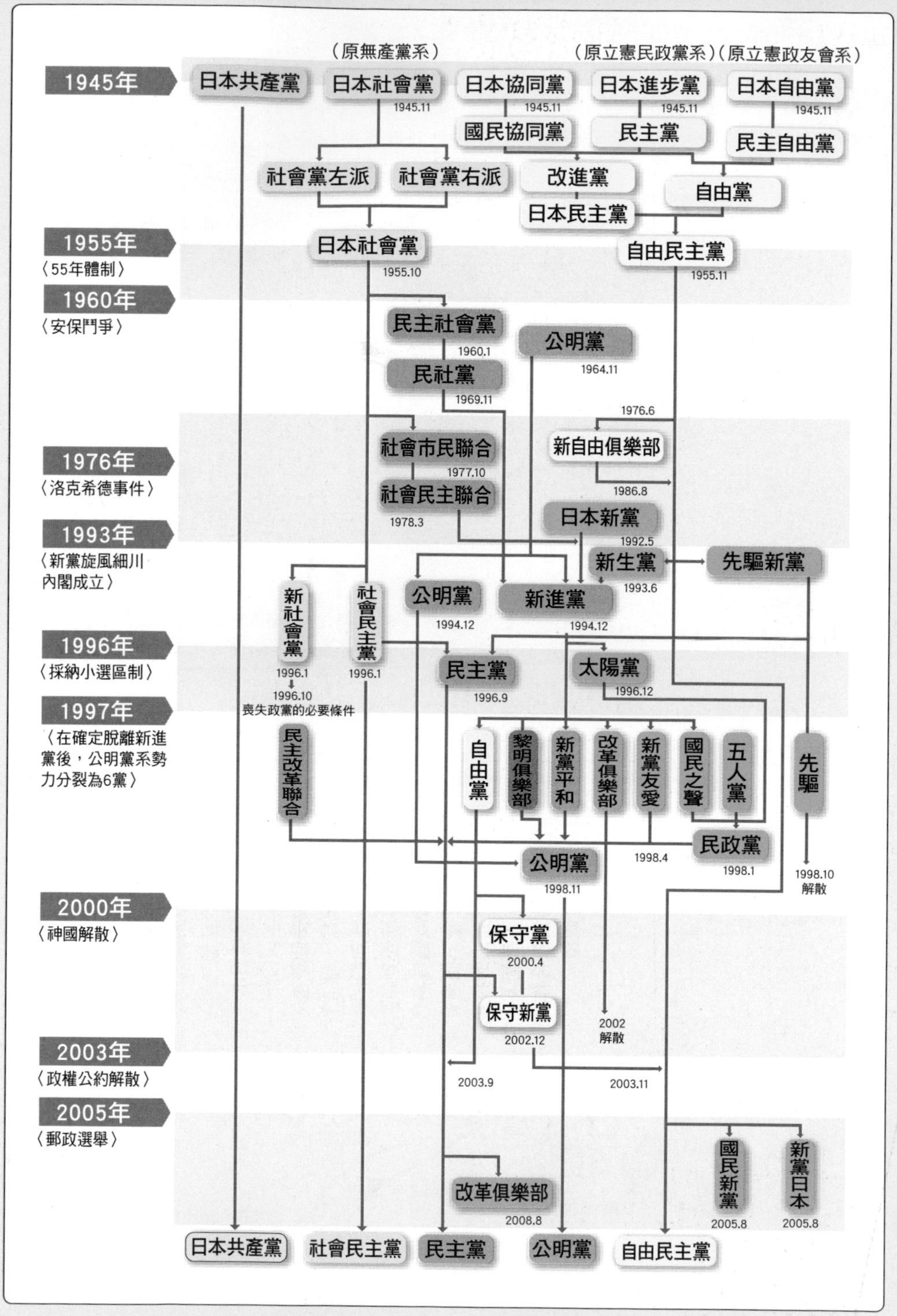

日本現今主要新興政黨

國立政治大學國際關係研究中心 蔡增家研究員 撰文

日本現今主要新興政黨	代表人物	成立背景	歷史演變	主要理念
立憲民主黨（2020-）	**枝野幸男、泉健太**	2020年8月19日，由國民民主黨及立憲民主黨組成的「立憲、國民、社保、無黨籍論壇」聯合黨團改組合併而成，舊的國民民主黨及立憲民主黨宣布解散，但並沿用立憲民主黨的名稱，兩黨共有149名國會議員加入新政黨，其中立憲民主黨88人、國民民主黨40人、無黨籍21人，成為日本的最大在野黨，與社會民主黨、日本共產黨及令和新選組是聯盟關係。	2021年眾議院大選，立憲民主黨與在野五黨打出「在野共鬥」，進行在野整合，在總數289個單一選區中的213個選區，共推一人挑戰執政自民黨的候選人，結果單一選區只拿下59席，勝率僅約28%，在野整合共鬥效果有限，也被外界認為失利，立憲民主黨這次選擇跟立場迥異的共產黨合作，在跟共產黨愈走愈近時，跟最支持立憲民主黨的日本勞動工會總聯合會的關係，也產生了微妙變化，甚至讓立憲民主黨可能丟掉原本可以獲得的選票，目前立憲民主黨在眾議院96席、參議院45席、市町村議會11席。	基於立憲主義的民主政治，在象徵天皇制度下，堅持日本國憲法提出的「國家主權」、「尊重基本人權」、「和平主義」。 爭取一個尊重人權的自由社會，反對一切形式的歧視，確立性別平等，建立一個不因性取向、性別認同、殘疾與否、就業形式、家庭結構等而受到歧視的社會。 建設以區域特色可再生能源為基礎的分布式能源社會，儘早實現無核社會。 重視對人的投資，通過公平分配消除不平等，建立「每個人都能感受到幸福的社會」。 堅持國際合作和專守防衛，推行務實的外交和安全政策。

日本現今主要新興政黨	代表人物	成立背景	歷史演變	主要理念
日本維新會（2016-）	松井一郎、片山虎之助	在大阪維新會分裂成維新黨與維新黨兩大系統後，2016年維新黨與民主黨合併成立民進黨，大阪維新會創辦人橋下徹在結束大阪市長後宣布退出政壇，大阪府知事松井一郎繼任大阪維新會黨代表，同時選出國會議員團長片山虎之助，確立松井、片山體制，同年八月參議院選舉後，更名為「日本維新會」，新的政黨標誌完全延續大阪維新會的設計，僅將大阪更改為日本。	2017年眾議院選舉，日本維新會與小池百合子的希望之黨進行提名合作，希望之黨在大阪近畿地區不推人選，而日本維新會則在東京地區不推人，但此項政黨合作卻讓日本維新會在近畿地區陷入苦戰，總席次從14席減為11席，但2021年眾議院選舉，日本維新會選擇不與其他在野黨合作，以固守大阪近畿大本營方式，並在全國每個選區各推一人的方式，結果在大阪地區取得16席，讓自民黨一席未得，比例代表制上囊括25席，總計41席，一躍成為全國第三大黨。	提出以「幼兒期至大學教育免費」、「政府組織改革」、「設置憲法裁判所」為三本柱的憲法修正案。 提出地方分權概念，大阪都構想、大阪副首都化，打破中央集權及東京都一極集中，實現道州制。 與既得利益者對抗的經濟成長戰略，透過法規鬆綁與勞動市場流動化來改變產業結構。 在外交安全保障上，支持日本加入TPP，實現亞太自由貿易區，集體自衛權條件嚴格化，限定於日本周邊同盟國軍隊，減輕普天間等駐日美軍基地的負擔，並重新審視美日地位協定。
國民民主黨（2018-）	玉木雄一郎、前原誠司	2019年國民民主黨與立憲民主黨討論合併，而部分民進黨人士也欲加入，但部分國民民主黨員卻因為修憲及消費稅議題與民進黨相左，於是國民民主黨黨魁玉木雄一郎決定不參加合併，與前原誠司另成立新的國民民主黨，並用過去的黨名「國民民主黨」。	國民民主黨在2021年眾議院大選中，曾與立憲民主黨、共產黨、令和新選組及社民黨組成「在野共鬥連線」，在全國208個單一選區共推一名候選人，選後國民民主黨由原本的八席小幅增加為11席，玉木雄一郎宣布國民民主黨退出在野共鬥，不再參與立憲民主黨、共產黨及社民黨的國會在野合作，走出自己政黨的新路線，目前國民民主黨在眾議院有11席，參議院佔有12席，都道府議會33席，市町村議會118席。	代表「生活者、消費者、納稅者、勞動者」的立場，關心普羅大眾的民生議題，以平民政黨自居。 主張囊括從穩健保守到自由主義、以國民為主角的改革中道政黨，屬於中間偏右的政黨路線。 主張捍衛國民主權、基本人權、和平主義以及專守防衛，強調永續發展的共生主義。 在國會組成反增稅聯盟，第一階段要將消費稅降至5%，最終目標則是全面廢除消費稅。 不反對修憲，但主要主張是限制首相的解散國會權、明文規定召集國會臨時會的期限等。

日本現今主要新興政黨	代表人物	成立背景	歷史演變	主要理念
令和新選組（2019-）	山本太郎、舩後靖彥	由演員政治家山本太郎於2019年成立，並與自由黨左派成員共同成立的，黨名取自現今天皇國號「令和」，「新選組」則是幕府時期的武裝組織，意寓新時代新選擇的政黨，是一個強調進步主義的左翼政黨。	2019年「令和新選組」首次投入參議院選舉，便取得兩席比例代表制席次，得票率超過4.55%，成立不到四個月便取得政黨的門檻，黨員包括千葉大學教授安部裕美、前北韓綁架受害者蓮池徹，特別的是當選的兩名國會議員舩後靖彥、木村英子皆是重度身障者，舩後靖彥是首位肌萎縮性脊椎病變（漸凍人）患者，目前該黨在參議院有2席，眾議院有3席。	捍衛身障者及弱勢團體的權益，打破日本菁英主義才能從政的傳統。 強烈的地方意識，主張均富主義，反對高學歷菁英份子主導。 反對重啟核電，抨擊東京電力獨大體系，主張綠能環保能源。 脫貧困運動，廢除消費稅、最低工資調漲到時薪1500日圓、活用老舊空屋降低房租。
NHK黨（2013-）	立花孝志、丸山穗高	2013年六月由前NHK職員立花孝志所成立的，主要目的是要修改、廢除「日本放送協會」NHK強制向人民徵收收視費的制度，當時名為「不支付NHK收視費黨」，同年七月改名為「保護國民防止NHK傷害黨」，簡稱「NHK黨」。	2015年「NHK黨」開始投入地方選舉，立花志孝當選千葉縣船橋市議員，2019年「NHK黨」正式投入參議員選舉，最終比例代表制當選一席（立花孝志），得票率超過2%，正式由政治團體升格為政黨，目前「NHK黨」共有一席參議員，43席市町村議員。 2022年立花被東京地方法院就涉嫌不法取得NHK的顧客個人資料，並威脅NHK一案，被判處監禁兩年半，緩刑四年的判決。	為許多國民和觀眾提供機會，認真考慮NHK收視費制度。 向質疑或不滿收視費制度的人士提供機會，制訂、修訂或廢除有關該制度的法律及條例。 免費發放「NHK擊退貼紙」，聲稱若收視戶貼上它，NHK收視費的催收員就不會過來收費。 反對修憲，主張透過人民直接民主來決定。

全彩圖表

第1章

日本文化的開端

◎從繩文到彌生時代

目錄 CONTENTS

專欄

第2章

律令國家的誕生

◎從大和政權到奈良平安時代

第4章 日本統一與太平的時代

◎歷經戰國時代到江戶幕府

目錄 CONTENTS

第1章

日本文化的開端

從繩文到彌生時代

文明形成・國家誕生

持續一萬多年太平歲月的繩文時代

在過去長達數十萬年的歲月中，日本人歷經洞居、穴藏（地穴藏身）等階段，才開始過著以狩獵為主的生活。約在一萬數千年前，因為土器的發明，日本人開始貯藏、烹煮食物，並因狩獵器具的改良，提高了捕獲獵物的成功率，使得日本人的生活形式，變得多采多姿。日本人採豎穴式住居（這是繩文、彌生、古墳時代廣為流傳的居住形式。從地面向下挖數十公分，以數根柱子撐住鋪草的屋頂，屋頂幾乎蓋住地面，從外面看不到牆壁的一種住居），定居之後，村落逐漸形成，於是構成了繩文時代的社會骨幹。此一繩文時代持續約一萬年之久。在這一萬多年中，人們雖然擁有武器，但不用於廝殺，所以並沒有發生戰爭，是悠閒和平的時代。

戰爭因種稻技術而開始

繩文時代晚期引進了稻作技術，瓦解了一萬多年安定的生活。稻作技術徹底改變了日本的社會。擁有一塊良田和沒有一塊良田的人、懂得種稻技術和不懂種稻的人之間，產生了貧富差距之後，社會上出現了奪取別人收成、土地、財富、勞動力的人，於是爆發了戰爭。然後，戰勝的人成了王（統治者），戰敗的人變成了奴隸。這就是彌生時代的開始。

路道旁跪地伏拜。

從這種情形來看，昔時合作打倒獵物，歡樂共食的純樸繩文人的影子，已完全消失了。

嚴重的貧富差距

根據中國史書的記載，彌生時代初期，日本為小國分立，戰爭頻頻的狀態。這些小國的君王們，除了醉心於戰爭之外，也爭相派遣使者到中國，企圖以政治的力量做為後盾，以利戰爭的進行。進入三世紀之後，日本列島上的小國，或因亡國、或因兼併重新洗盤。其中統治三十餘國的邪馬台國（一說在九州，一說在本州大和，也就是現在的奈良），是規模最大的國家。卑彌呼女王統治邪馬台的情形，在《三國志·魏志·倭人傳》中有詳細的記載。此書提及，當時的人已有嚴重的尊卑之差，庶民和統治者錯身而過時，會立即閃躲到

日本人是從其他大陸過來的嗎？

日本人究竟從什麼地方來的？

日本人從一開始就混血嗎？

日本人的祖先，到底是什麼時候、從什麼地方來到日本列島的？關於這方面的研究報告，雖然不在少數，但是迄今仍無定論。日本列島究竟何時才開始有人居住呢？從日本在二十萬年前的地層中，發現了舊石器來判斷，可以確定二十萬年前，確實有人在日本列島生活。最近，隨著考古學方法的進步，各種狀況均顯示，日本列島有人跡的年代應該可以溯至更久遠。但是，使用石器的人類，也就是被稱之為「猿人」的人種，並不是日本人的祖先。

現在的日本人屬於蒙古人種（Mongoloid）。在日本列島和大陸、東南亞還是同一板塊的洪積世（二百萬至一萬年前），來自朝鮮半島、印尼、台灣沿海、西伯利亞等地的移民遷移到了日本列島，這些移民混血的結果，就成了日本人的原型，也就是「繩文人」。之後，到了彌生時代，集體來自朝鮮半島的渡來人（後稱為彌生人）從東渡海而來，將繩文人驅逐到邊境，取代繩文人成為日本列島的主流人種。此後，日本列島即演變成既有的繩文人和新加入的彌生人共存的雙重社會結構。這種說法在現在非常具權威性，所以現代的日本人，應該可以說是繩文人和彌生人的混血吧？

南美的原住民和日本人的祖先是相同的嗎？

但是近年來由於科技的進步，有人把骨格、血型的分布、稻作文化、神話、語言等等比較研究，應用於探討日本人的由來之上。所以我們又可以從另一種玄奇的角度探索日本人祖先的奧祕。

一九八九年，東大醫學部的十字猛夫教授等人，發現日本人的白血球抗原（HLA）排列方式非常獨特，即開始調查日本鄰近諸國同一人種的白血球抗原排列比率，因而訂出了日本人東渡的路線。此一路線和以往我們所知道的說法幾乎是一致的。

另外，愛知縣癌症研究中心流行病防治部部長田島和雄，在一九九三年也從白血病濾過性病原體中，證實南美原住民和日本人，擁有共同的祖先。

一九九六年，國立遺傳學研究所的寶來聰副教授等人，從二百九十三個人（日本人、沖繩住民、愛奴人、韓國人、台奴、台灣人）身上，採得可以追溯母系真相的粒線體（mitochondria）進行研究，確定日本人，有六五％的遺傳基因群，是彌生時代以後經由朝鮮半島，帶入日本的。

日本人東渡的路線

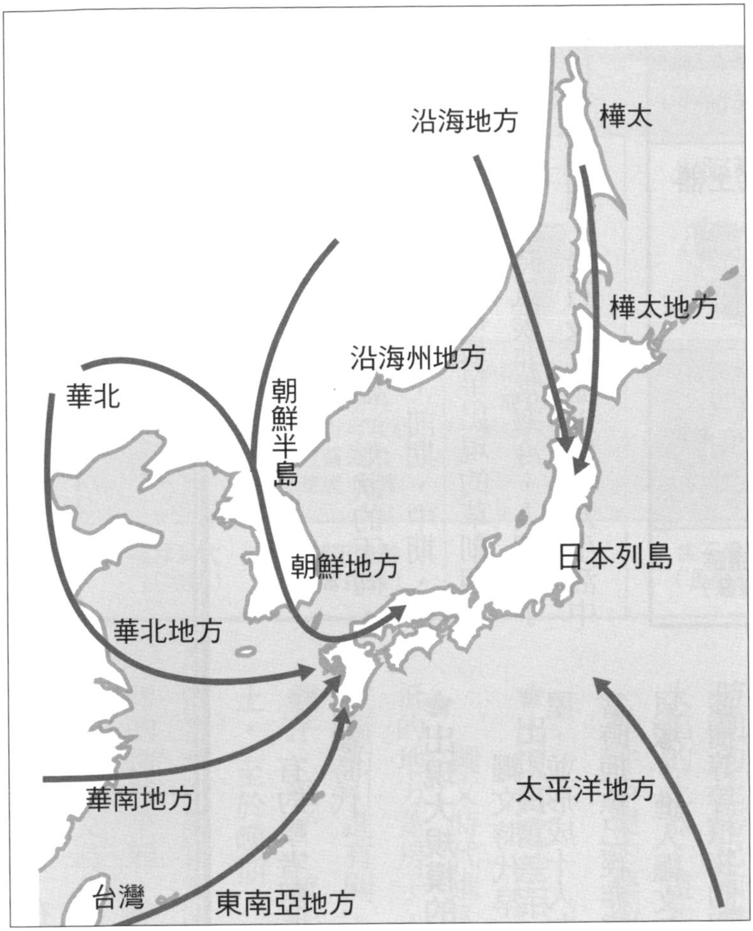

History Tips 日本人類學之父、東京帝國大學坪井正五郎博士認為，明治時代、日本舊時器時代的人，應是屬於和愛斯基摩人同種的蝦夷人（koropokkuru）。

土偶是為破壞而做的

已出土的一萬五千件「土偶」，模樣千奇百怪。這些土偶的用途是什麼？

大部分的土偶都是女性

所謂土偶，就是繩文時代用土作的人偶。到目前為止，出土的土偶已多達一萬五千件，但是對於土偶的用途，卻還沒有一個明確的定論。

土偶在繩文早期就出現了。初期的土偶，以雙臂展開、兩腳呈扁平站立的十字型居多。不過隨出土地方的不同，土偶的形狀也各異其趣。至於出土的數量，以東日本最多。到了繩文晚期，則以東北地方為出土的中心。其中以被稱為遮光器型的土偶，最具前衛藝術價值。

大部分的土偶都是女性，還有不少是模仿孕婦而做的。因此有些學者專家即主張，繩文人因認同女性擁有孕育生命的神祕力量，所以才會以泥土製作女性土偶，藉以祈求豐收。

為什麼土偶都是破損的？

出土的土偶，幾乎沒有一個是完整的，不論是手、腳、臉、腹都遭到恣意破壞。更耐人尋味的是，被破壞的部分，都未和土偶的主體一起出土；而且大多數的土偶，其四肢或局部都很容易就可以破壞。彷彿從一開始，製作者就未將這些部分視為土偶身體的一部分。換句話說，這些土偶是為被破壞而製作的。

為什麼土偶都是破損的？現有三種學說解釋這種情形。

一、治療疾病說；二、詛咒人偶說；三、祈求豐收說。

為祈求病體、傷勢早日全癒，把土偶當作自己，去除患部，以達到重生或新生的目的，這就是治療疾病說。詛咒人偶說，則正好與治療疾病說相反。主張詛咒人偶說的研究者認為，製作者將所仇恨的對象做成人偶，再將人偶破壞，以祈求對方不幸。

至於祈求豐收說，可參考《古事記》和《日本書紀》的資料。在《古事記》神話中登場的大氣津比賣神，因觸怒了須佐之男而遭到殺害。結果她的遺體長出了稻、麥等穀物及蠶寶寶。另外，在《日本書紀》中，同樣也遭到殺害的保食女神，她的遺體傳說也長出了農作物。從這些神話，即衍生了新求豐收說。有的學者專家認為，繩文人是把土偶視為女神，再藉破壞（殺害）以祈求豐收。在繩文時代的早期，人們已經開始栽種植物了。

事實上，除了以上這三種學說外，還有另外一種說法：在出土的土偶當中，可以看到有的是被圍著石頭，非常慎重埋葬的。有人即從這點推斷，認為繩文人可能把土偶當作祖先、精靈、女神進行膜拜。

更有學者認為土偶的用途有很多種，並非只有一種而已。

土偶的存在是極為神祕的。

有關土偶的各種傳說

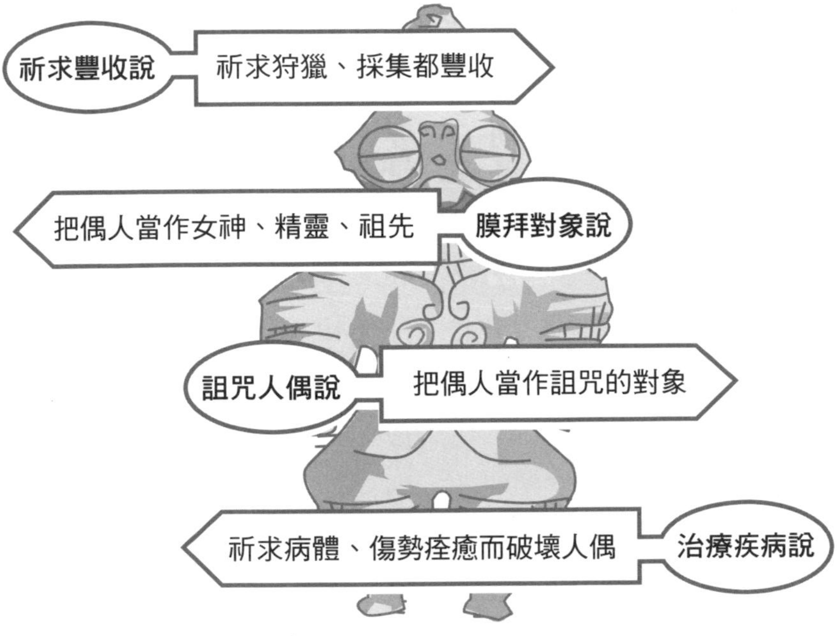
祈求豐收說
祈求狩獵、採集都豐收
膜拜對象說
把偶人當作女神、精靈、祖先
詛咒人偶說
把偶人當作詛咒的對象
治療疾病說
祈求病體、傷勢痊癒而破壞人偶

History Tips 遮光器型土偶外貌不像人類，有人認為這是模仿宇宙人所捏塑的。

一萬三千年前◆工具的誕生

古代人工具的演變

先有石器、木器、土器，再有鐵器、青銅器。古代人是如何使用這些工具的？

人類最初的工具：石器和木器

人之所以為人的三條件，是因為會「說話」、「用火」及「利用工具」。所以工具和人類之間的關係，是非常密切而重要的。人類最先使用的工具是石器和木器。尤其石器，堪稱萬能利器。率先登場的是打製石器，也就是打碎河灘石所製作的石器。然後隨著加工技術的進步，人們懂得用研磨的方法，將刀尖磨利，於是磨製石器跟著報到。以石箭頭、魚叉等狩獵，用石斧掘穴，用石盤盛裝料理，到了彌生時代，更可見石菜刀、石鐮刀，連農具也有石製品。

土器在繩文時代登場

繩文時代的土器，改變了人類的生活。因為土器不但方便煮食，也易於貯存食物。人類的生活因土器而變得更充裕，定居的情形也更進步。從土器的形態，我們將土器分為繩文式土器及彌生式土器，並用土器做為測定年代的基準。

彌生時代已有鐵器和青銅器

彌生時代的鐵器和青銅器，帶給社會整體的影響力並不及土器。雖然人類把鐵器應用在農耕器具上，為農耕帶來快速的發展，但是鐵器最主要用途，仍然是武器。以鐵打造的鐵劍、箭尾等，不論是強度或威力，都比石器更好，所以鐵器在戰爭中是主角，它對日本的統一，發揮了很大的作用。

另外，出土的青銅器中，銅戈、銅鉾等武器也不在少數。由於青銅的質地較軟，一般來說都用來製造象徵權利、財富的祭器，實用物品並不多。所以出土的鐸（鈴狀物體）、鏡子，大半都是青銅製的。不過，不管怎麼說，人類最貼身的工具仍然是木器。木器的材質多變，加工也較容易，所以在遠古時代即利用頻繁，只可惜木器會腐，因此出土的木器非常稀少。但在空氣受阻隔的黏土層、泥炭層中，還是發現了未腐朽的農具、籃子、容器、梳子等木器。有些容器、梳子上還有一層鮮艷的漆，看起來就像頂級的藝術品，可見遠古時代的人，已有相當的審美觀。

原始時代的工具演變

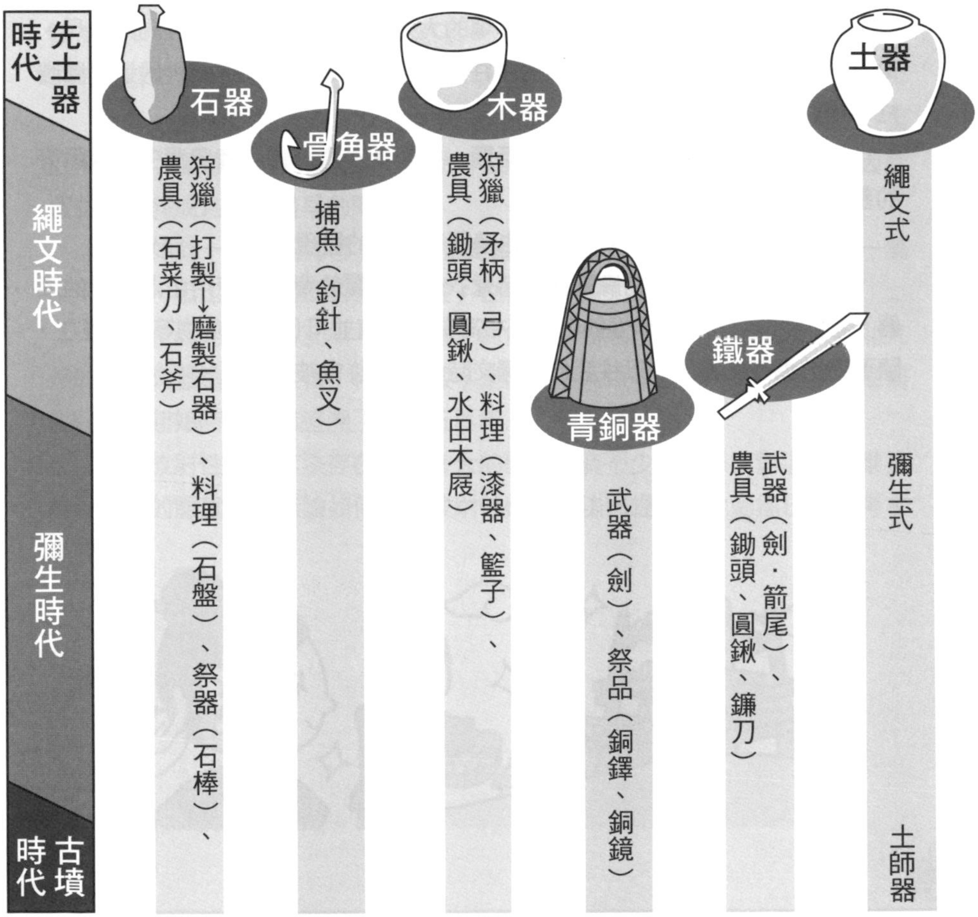

History Tips

在石器原料中最有名的黑曜石（Obsidian）雖然只有在長野縣和田峠挖得到，但是從出土的範圍遍及全本州來看，繩文人的交易範圍應該是非常廣泛的。

農耕發達，引發爭鬥

彌生時代稻作的種植之所以可以迅速普及，是因為人類從繩文時代，就懂得栽種植物。

繩文時代已經有栽種植物的經驗

有人認為水稻的耕作始於彌生時代，其實這是錯的。近年，從繩文晚期地層中，陸續發現了水田的遺跡、種植水稻的痕跡，而且出土的水田還有灌溉設施。由此可知繩文時代的水田耕作已經相當完整了。

在繩文晚期突然出現的水田農耕，應是渡來人從大陸帶來的異質系統。這種異質系統能夠在短短的數十年間，傳遍日本全國，可見繩文人對於新系統的引進具有高度的包容力。

繩文時代雖然是一個以狩獵、採集為中心的社會，但是誠如前述，繩文人還是會進行某種程度的農耕，所以在繩文前期，就可以看到種植栗子、葫蘆等植物的原始農耕痕跡。到了後期，則更進一步利用火田耕作方式種植紅豆、小米、裸麥等。

稻作技術傳入日本的二條路線

關於稻作技術傳入日本的路徑，一般認為有二條主要的路線：一條是經過朝鮮半島傳入，另外一條是從中國的江南地方，直接傳入九州。雖然大部分的學者都認為經由朝鮮傳入是最主要的一條路徑，但是從日本遺跡中所出土的南方高床式倉庫（這是日本特有的架構，可使地板下面有足夠的空氣流通而讓倉庫內部保持乾燥）研判，江南路線也是一條不可輕忽的路線，因為朝鮮半島並沒有這種高床式的倉庫。

水稻耕作技術傳入日本，到了彌生時代，耕作面積迅速擴增，農耕器具也顯著進步。初期所使用的圓鍬、鋤頭等農具為木製品，而用於收穫的器具如石菜刀、石鎌刀等則為石製品，但是到了後期，幾乎為鐵製品所取代，收穫量因而大增。另外，以人工灌溉設施耕作的「乾田」，也比利用自然低窪溼地的「溼田」為多。

只是稻作技術傳入日本列島之後，人們生活趨於安定的同時，人們為了爭奪土地、糧食也引發戰爭，進而造成貧富的差距，也產生了統治者和被統治者，使得日本列島有了百餘個小國。易言之，之前的社會結構，完全被傳入的稻作技術破壞了。

農耕的發展

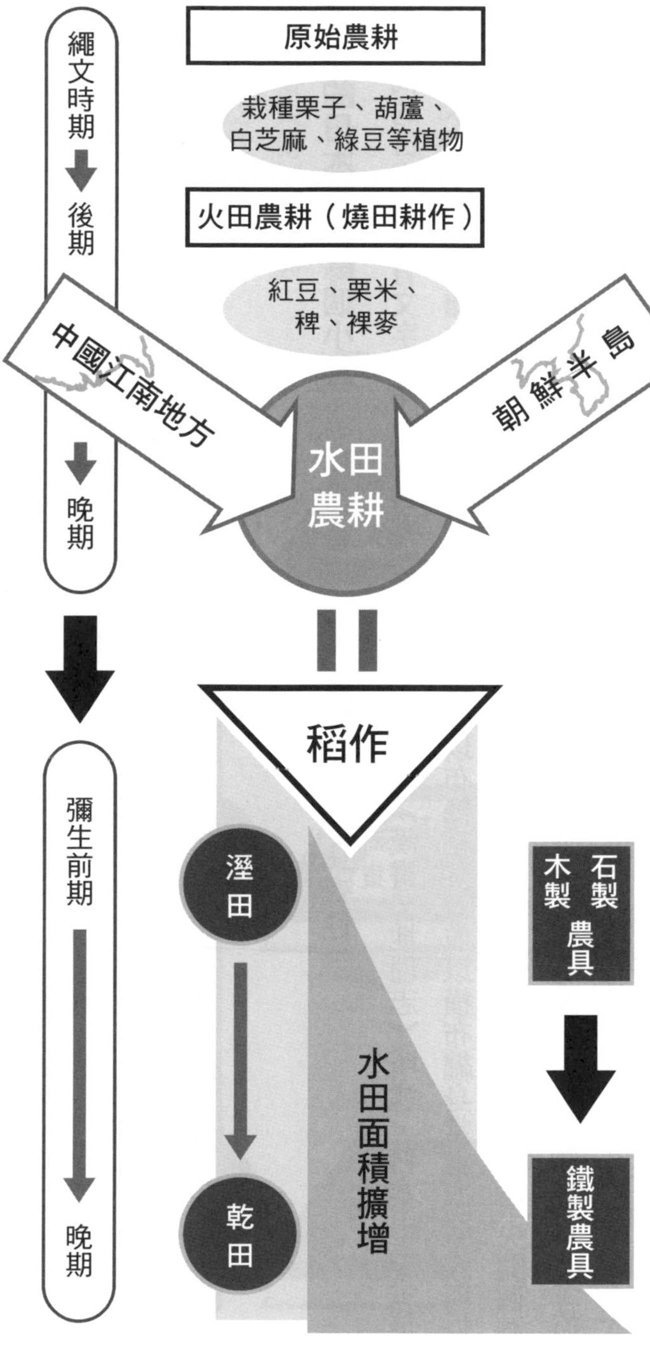

History Tips 高床式建築並不限於倉庫而已。在奈良縣櫻井市挖掘出來的芝遺址中，就發現了刻有宏偉高床式神殿圖案的土器。

邪馬台國的位置改變了日本的歷史

長年來一直爭辯不止的邪馬台所在地，究竟是在九州還是大和？這個答案將改變日本的歷史。

東京大學的九州說和京都大學的大和說

邪馬台國論爭，是歷史論爭中，耗時最久、議論最激烈，可是迄今仍然懸而未決，實屬罕見。邪馬台國究竟在什麼地方？這個問題之所以長年得不到答案，唯一提及邪馬台國的中國史書《三國志．魏志．倭人傳》恐怕難辭其咎。因為書中對於從大陸到邪馬台國的路徑記述的模稜兩可、不清不楚。如果根據書中記述的距離和方位前進，邪馬台國已經穿過日本列島，到了南洋。因此，有人認為邪馬台國可能在夏威夷或者是爪哇的蘇門答臘，甚至是沖繩。不過大部分的學者專家還是認為邪馬台國在日本國內。

自《日本書紀》把卑彌呼比擬是神功皇后*1以來，大家就認定邪馬台國就是大和朝廷，也相信邪馬台國的所在位置就是大和（現在的奈良縣）。但是江戶時代的新井白石（儒學家）和本居宣長*2卻持不同的聲音。他們主張邪馬台國在九州之說。

此後，「大和說」及「九州說」即一直傳流到後世，發展成邪馬台國論爭，甚至動搖了明治的史學會。此一論爭，在京都大學的內藤虎次郎*3先生提出「大和說」，東京大學的白鳥庫吉先生發表「九州說」之後，進入辯論白熱化的狀態。在這之後，京都大學派系的學術界即擁護「大和說」，而東京大學派系的人則支持「九州說」。兩派人馬互不相讓，一直持續辯論至今。

邪馬台國爭論的經過

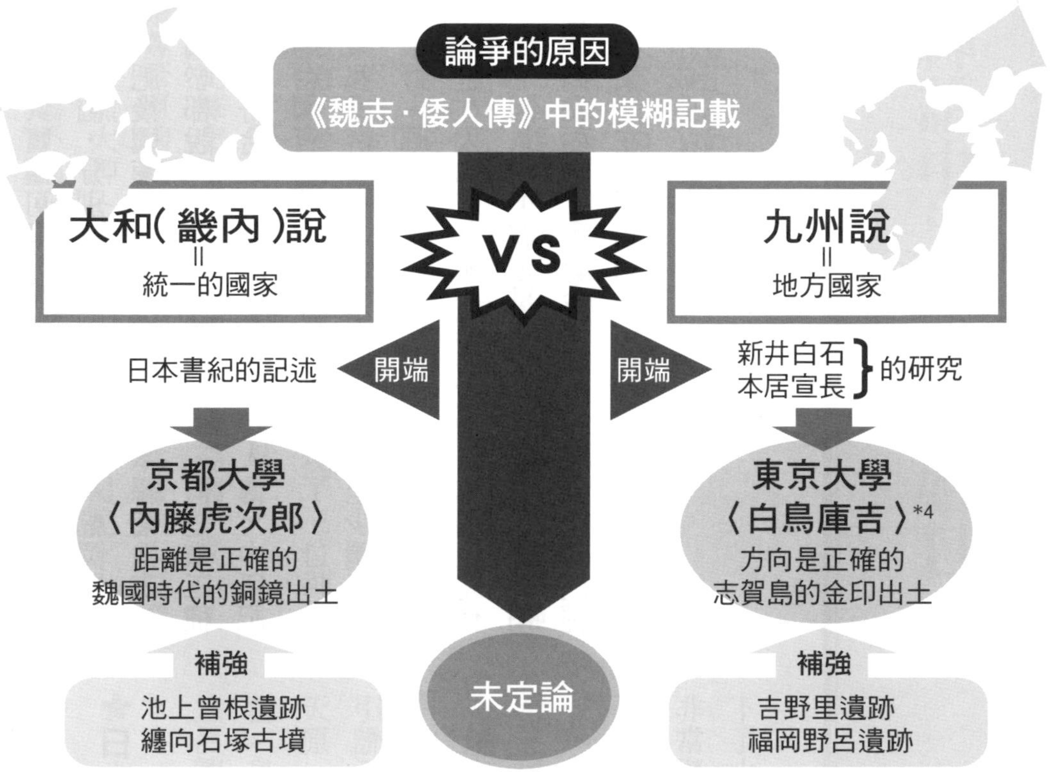

銅鏡、音韻、距離是大和說的根據

「大和說」概括來說就是，在大和地方發現了許多魏國時代的銅鏡、在語言學上，大和與邪馬台屬於同系列的音韻、《倭人傳》中所記述的行程，從大陸到大和的距離是一致的。但是方向不合，是一大弱點。所以主張大和說的學派人士，即努力在這一點上尋求合理的解釋。

方向一致的九州說

而「九州說」雖然方向吻合，但是距離過短卻是個問題。但是榎一雄先生對《倭人傳》中一段微妙的記述，持不同的解釋。他認為正確的解釋應是，從大陸到伊都國的行程呈直線式，但是之後從伊都國到各國的距離應是放射狀的，這種解釋即成功地將邪馬台國位置納入了九州之內。

History Tips 探討邪馬台國地址位置的說法各出奇招，甚至有邪馬台國等於埃及、穆大陸的說法，令人咋舌。

從演變中看日本神話

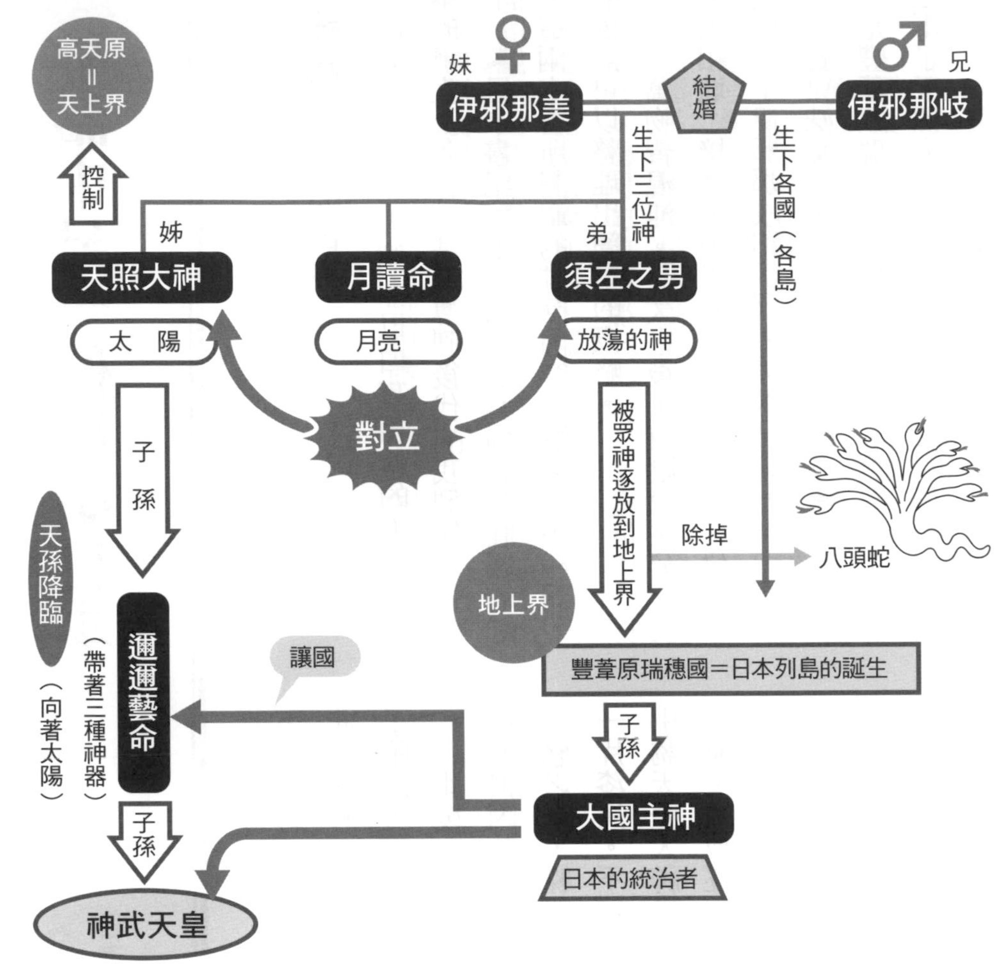

神所統治。大國主神和其它諸神共同合作，盡心建設地上界的國家。

另一方面，天照大神也給自己的子孫邇邇藝命（審訂注：全名為天津日高日子番能邇邇藝命，前八字為尊崇之辭）三件神器，命他統治地上界。所以邇邇藝命即來到了豐葦原瑞穗國的日向。這就是有名的天孫降臨神話。

結果大國主神決定把國家讓給邇邇藝命，此後，邇邇藝命的子孫即開始統治這個國家。

邇邇藝命的第四代子孫就是神武天皇。

History Tips

伊邪那岐和伊邪那美是兄妹，也是夫妻。以前並不認為近親結婚是禁忌，古代的天皇近親通婚的情形相當多。

二千二百年～一千八百年前（B.C二世紀～A.D三世紀）◆原始的葬儀式

各地不同類型的墳墓

中世紀以後，日本多為土葬。但是在遠古時代，葬禮、墳墓的形式各別為何？

遺體還是埋入土裡

土葬是從遠古到近代共同的墓葬制度。但是墳墓和埋葬的方式，卻隨著時代的演變而有顯著的不同。先土器時代，由於風化的關係，人類的遺骨未能保留，所以埋葬狀況可考的資料，幾乎是一片空白，但是人死之後，遺體被整個放入墓穴中埋葬是可確定的。這種墓叫土坑墓，事實上，在先土器之後的繩文時代的墳墓，也幾乎都是這種土坑墓。

另外，將遺體折彎埋葬的方法叫屈葬，筆直仰躺下葬方法為伸展葬；而繩文時代多採屈葬。為什麼要讓遺骸彎曲呢？有的說法是，讓死者模仿胎兒，可以把死者送回大地之母的懷抱，有的說法是為了害怕死者再次復活。總之，這個問題到現在還沒有一個定論。

彌生時代的墳墓形形色色

邁入彌生時代之後，有各種各樣的墓葬制度。其中大部分應為渡來人從朝鮮半島東渡時帶過來的。現在簡單介紹最主要的幾種：甕棺墓，即是將兩個土製的甕相扣組合起來當作棺材埋入土裡，在九州北部有非常多這種甕棺墓；箱式石棺墓，即把遺體放入石板做的箱型棺再埋入土坑中；有的箱型棺不是用石板，而是用木頭做的。木棺一腐朽，就只留下土坑的痕跡。常見同一棺中有兩具以上的遺體。這種棺墓多分布於西日本。

方形周溝墓是先切出一個方形的溝，在方形的正中央再掘出墓穴埋葬死者。這種墓發源於近畿，

第2章

律令國家的誕生

從大和政權到奈良平安時代

古代 10 大要聞

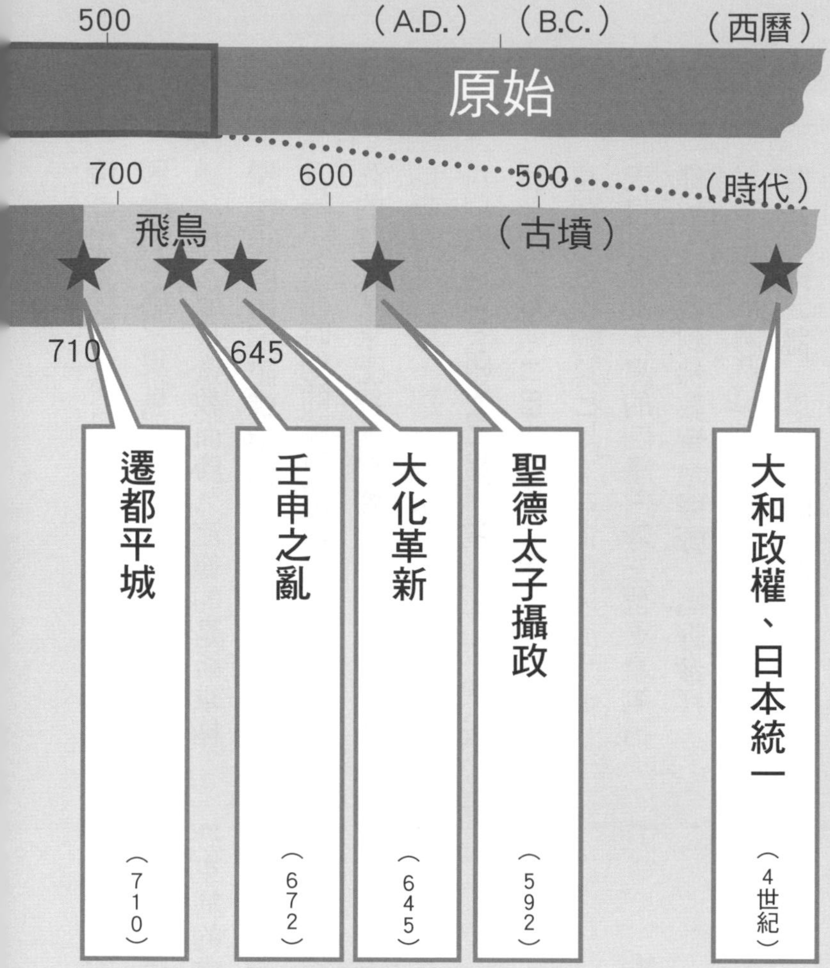

在畿內的豪族聯合政權（大和政權）統一了日本。

聖德太子為推古天皇攝政。他暗中牽制蘇我氏，加強以天皇為中心的中央政權，制定憲法十七條[*3]、冠位十二階[*4]、並派遣隋使至中國隋朝。

中大兄皇子和大臣中臣鎌族等人，暗殺蘇我入鹿，樹立中央集權國家，改新詔、遷都難波宮。

大海人皇子以武力打敗了天智天皇的繼承人大友皇子，即位為天武天皇，成立新的政權。

元明天皇從藤原京（奈良縣橿原市高殿為中心的地區）遷都平城京（奈良）。

墾田永年私財法（743）

當年朝廷廢止公地公民制*5頒布墾田永年私財法，承認土地可以私有，開啟了莊園制度。

遷都平安京（794）

桓武天皇將都城從平城京遷到平安京。

藤原道長任太政大臣（1017）

這個時候是攝關*6政治的全盛時期。

白河上皇開啟院政時代（1086）

白河上皇將皇位禪讓給兒子堀河天皇，仍然緊握大權不放，並另設「院廳」主持政務，行院政政治。

平清盛樹立平民政權（1179）

一一七八年，平清盛將外孫送上皇位成為安德天皇，一一七九年幽禁後白河法皇，鞏固平氏政權。

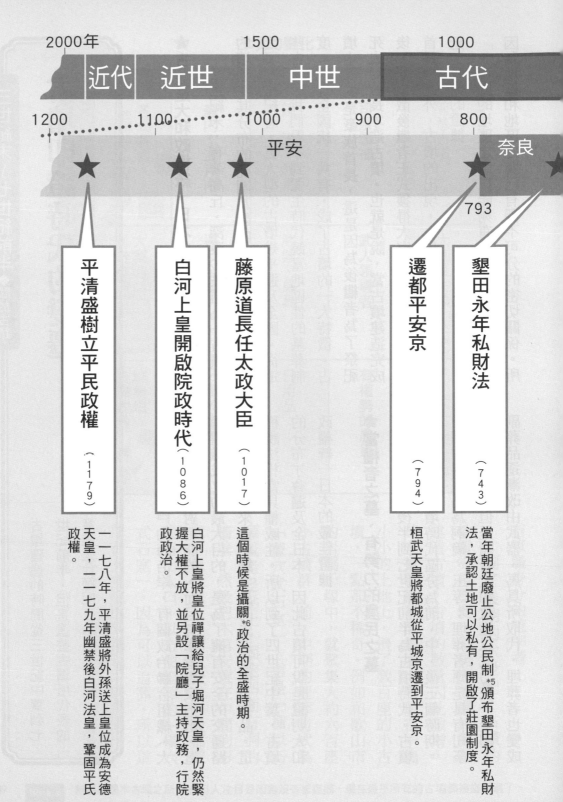

從貴族佛教文化到日本獨自的文化

飛鳥文化到院政時代的五個世紀間，日本雖受中國文化的影響，但是仍發展成自己獨特的文化。

古代文化的關鍵在於「佛教」

如左圖，古代的文化，通常分為六個階段（除古墳文化之外）。「飛鳥文化」是日本第一個在七世紀前半，開出璀璨花朵的佛教文化。大多數的代表作品都在法隆寺（奈良）。其中以釋迦三尊像、百濟觀音像、玉虫廚子、最為有名。另外，中宮寺（奈良）及廣隆寺（京都）中，半跏思惟像古樸的笑容充滿魅力。

受唐代初期影響，七世紀後半的「白鳳文化」，洋溢著清新的朝氣。其中藥師寺東塔（奈良）堪稱日本一絕，而繪於高松塚古墳上的壁畫亦極為華麗。藥師寺金堂藥師三尊像，是現在世界上最古老的金銅像。八世紀半的「天平文化」是起於聖武天皇的振興佛教政策。「天平文化」是深受盛唐文化影響的貴族佛教文化。高聳的東大寺大佛[*8]就是「天平文化」的象徵。而正倉院所收藏的「鳥毛立女屏風」，則看得出來受到了印度及波斯的影響。

平安時代的新文化

「弘仁真觀文化」是桓武天皇遷都平安京（奈良）之後，受最澄及空海自唐引進的密教影響，所出現的一種擁有開拓新時代力量的文化。當時非常盛行以完整的一棵樹，進行佛像的雕刻工程。代表作品有神護寺藥師如來像、元興寺的藥師如來像等。此外，在密教影響之下，繪製曼荼羅、不動明王的作品也很多。

古代文化五百年間的變遷

時代	名稱	年代	特徵	代表作
古墳時代晚期	飛鳥文化	7世紀前半～	日本第一個佛教文化	●法隆寺 ●法隆寺釋迦三尊像
奈良	白鳳文化	7世紀後半～	風格清新有朝氣 受初唐文化的影響	●藥師寺東塔 ●藥師寺金堂藥師三尊像
奈良	天平文化	8世紀中葉～	高度的貴族文化 受盛唐文化的影響	●東大寺大佛 ●正倉院收藏品
平安	弘仁貞觀文化	9世紀～	充滿開拓新時代的活力受密教的影響	●室生寺 ●神護寺兩界曼荼羅
平安	國風（藤原）文化	10世紀～	廢遣唐使 塑造有日本風的貴族文化	●平等院鳳凰堂 ●源氏物語
平安	院政期文化	11世紀後半～12世紀	中央文化普及的地方 受淨土宗的影響	●中尊寺金色堂 ●白水阿彌陀堂

日本文化在平安朝中期登場

藤原氏的攝關政治是在十世紀時正常運作，所以「國風文化」又叫做「藤原文化」。八九四年菅原道真[*9]廢除遣唐使，不再受中國影響之後的日本，終於孕育出了自己獨自的文化，因此稱之為「國風文化」。將漢字拆散，開始使用假名，就是在這個時代。最具代表的建築物為平等院鳳凰堂（京都）。宮廷文學則有《源氏物語》[*10]、《枕草子》[*11]等。

十一世紀後半，全國幾乎都信仰阿彌陀佛，地方豪族陸續建造了中尊寺金色堂、白水阿彌陀堂等壯麗宏偉的阿彌陀堂，讓原本只屬於中央貴族的文化，普及到了地方。此一文化和院政時期正好重疊，所以稱為「院政期文化」。

History Tips 法隆寺所珍藏的國寶玉虫廚子（吉丁虫佛龕、木造、上黑漆、高2.226公尺），因為鑲嵌了2563隻吉丁虫的鞘翅，故而得名。不過現在這些鞘翅大都不見了。

聖德太子理想中的國家

受蘇我氏提拔晉用的聖德太子，並未如蘇我氏意，壯大蘇我氏，反而努力加強天皇的力量。

★聖德太子是蘇我氏的希望

聖德太子為推古天皇攝政是在西元五九三年。

推古天皇是聖德太子的嬸嬸，也是日本第一個女皇帝。蘇我馬子將欽明天皇第三位皇女，同時也是敏達天皇皇后的額田部，推上皇位成為推古天皇。蘇我馬子在朝廷是一方實力霸者，他先暗殺了與之對立的崇峻天皇，強迫姪女推古天皇即位，再讓有蘇我血統的聖德太子進行攝政，企圖掌控整個朝廷。而且在不久之後，還立聖德太子為皇太子。易言之，聖德太子是蘇我氏發展的希望。但是，聖德太子並未照蘇我氏的意思行動。傳說聖德太子是個傳奇性的人物，他生下來才四個月左右的時候，就可以辨別十個人同時所說的話。太子拜高句麗、百濟的知識份子為師，學習帝王學之後，認為國家以天皇為中心行中央集權才是正確的。所以他行事的方向正好和蘇我馬子背道而馳。也就是說，聖德太子攝政之後，所採取的政策是抑制蘇我氏勢力的繼續成長，並積極將天皇推向集權。這些政策包括西元六〇三年頒布的冠位十二階，及次年推動的憲法十七條。

★壓制豪族的冠位十二階和憲法十七條

冠位十二階是依據個人才華、功績等，授與位階的一種制度。這種制度不但可以擢拔可用的人才，讓天皇身邊有優秀的官員可用，同時也可以斷了豪族的世襲制度。而憲法十七條，則強調「君為天，臣為地」，要大家服從天皇，不要破壞秩

聖德太子的革新政治

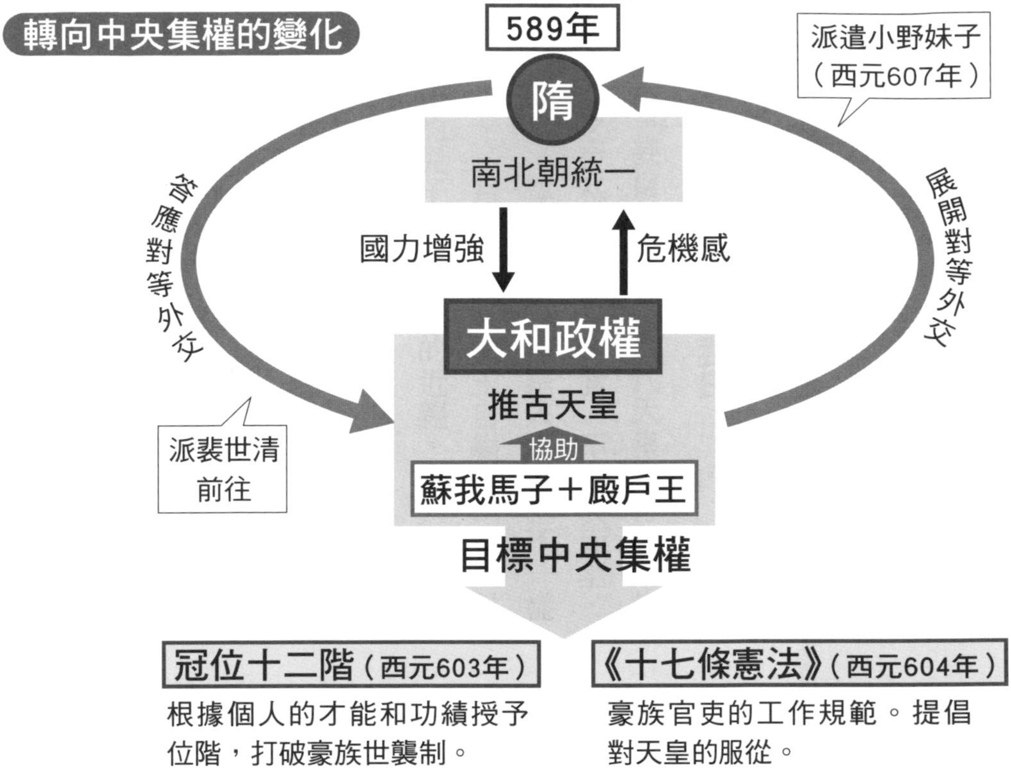

序，並以「和為貴」，重視豪族之間的合議制，說服豪族們要徹底遵守身為國家官員的服務規範。六〇七年，聖德太子還派遣隋使小野妹子至隋，企圖藉外交政策提昇天皇的權威。當時的國書寫著：「日出處天子致書日落處天子」。據說中國的隋煬帝看了非常生氣，還怒斥「無禮」。可是不知何故，還是派了答禮使到日本。因為當時的中國為了要牽制朝鮮半島的高句麗，非常需要日本的協助。聖德太子應該就是看準了這個情勢，才採取對等外交的。聖德太子的外交才華果然不凡，他的對等外交，不但讓天皇的國際地位大幅提昇，連在國內的權威也一併壯大。但是以上種種政策，還是沒能抑制蘇我氏的力量繼續坐大。太子在失望之餘，晚年過著遁世隱居、研究佛法的日子。

History Tips 聖德太子是廄戶王子之說是因為他是在馬廄出生。也有可能是受到基督教影響才有此傳說。

大化革新的改革內容

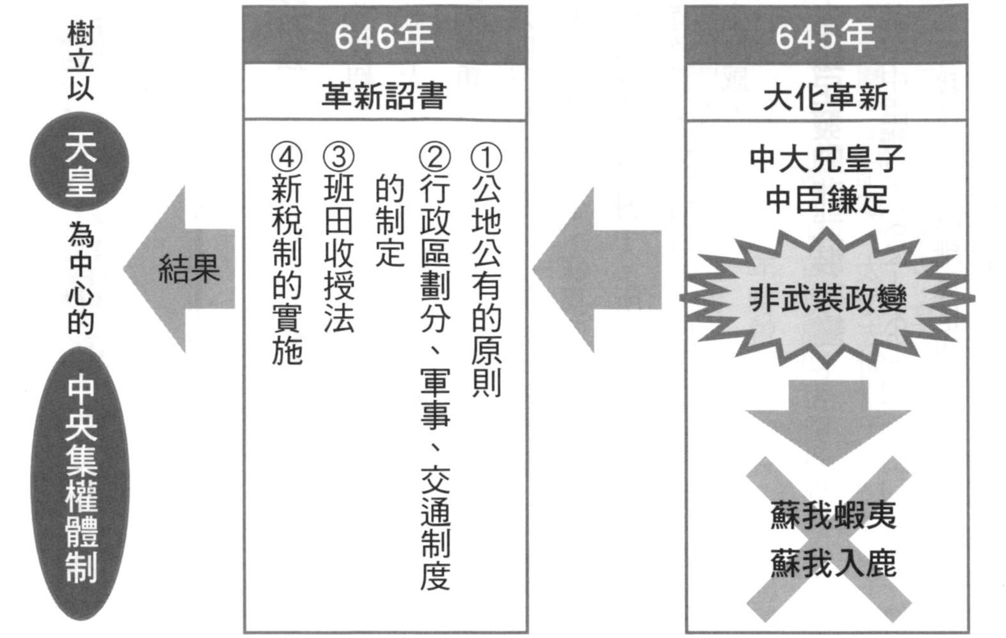

重重包圍的蝦夷，眼見大勢已去，也在家中自縊而亡，蘇我氏家族至此滅亡。

✿實施大化革新，確立中央集權

西元六四五年六月，非武裝政變成功結束之後，鎌足等人擁立孝德天皇（597—645）即位，改年號為「大化」，並立中大兄皇子為皇太子，廢除大臣、大連，另設左大臣、右大臣，中臣鎌足也擔任內臣一職，輔佐天皇。皇家權力擴大之後，同年年底強行遷都難波（大阪），需借助地緣關係的強勢豪族實力因而受到削減，將體制從根本進行徹底改革。《日本書紀》詳細記載了詔書的內容，其中包括了行政組織、為了達到讓交通及軍事制度走向中央集權而制定的戶籍、根據戶籍而行的班田收授法[*20]及新稅制[*21]等等。但是這些新制在現實中是否實行？確是一大疑問。甚至還有人還懷疑書紀的編輯者是篡改事實。不過不管如何，中央集權的政治體制在此已經確立是毫無疑問的，「大化革新」可以說是國家的一大變革。

History Tips 革新詔書中的新說法，確定為租庸調法是在一九七七年的十一月，因為該年所出土的六世紀土器上寫著「調」字。

律令國家的架構

大化革新以後，採用「律令制度」。這就是建構行政基礎的法律。

所謂「律」和「令」就是指刑法和行政法

律令國家就是指依據「律令」之法律所營運的國家。「律」相當於現在的刑法，而「令」則是指包含國家統治組織、官吏服務規定等在內的一般行政法。

四世紀的大和政權，是以大王（天皇）為中心的畿內豪族聯合政權，所採用的是，長久以來被稱為氏姓制度的統治體制。所謂氏姓制度，是指「氏」（有血緣關係的組織）裡的首長，獲得朝廷所給予的「姓」（代表擁有行使政治的權力和地位）之後，再參與國家營運的一種系統。但是，西元六四五年，大化革新實行之後，在國家走向中央集權的同時，遣唐使帶回了唐朝「律令」的詳細情形，所以朝廷廢除了氏姓制度，改採律令制度。

日本第一個「令」，是天智天皇在西元六六八年制定的「近江令」。但是對於「近江令」是否真的存在，有人抱持著懷疑的態度。之後，天武天皇制定了「飛鳥淨御原令」。不過真正的律令是在文武天皇的七〇一年，由刑部親王及藤原不比等所編纂的「大寶律令」。據說七一八年所制定的「養老律令」，就是將「大寶律令」稍做修改而成的。

審核標準比較鬆散的日式律令

雖說日式的律令是模仿中國而制定的，但是並非原封不動，而是配合日本的實情做過修正的，日本人自古以來就非常精於改良。例如，強化政治機構中心之太政官的權限、把神祇官祭祀機關納入政治機構內，再和太政官合併等等。又如官吏的錄

穿過伊賀國進入伊勢國，在不破關布下軍陣。在這段期間，響應大海人皇子募兵的美濃、伊勢國的士兵們陸續集結，再加上因仰慕皇子而從大津宮兼程趕來的同志，形成了一股強大的軍事勢力。大海人皇子兵分兩路，從琵琶湖進攻大津。連在昔日都城飛鳥的大伴氏也呼應大海人，舉兵攻向大津。大津一時之間陷入一片恐慌。但是宮中馬上集合周邊的士兵，研擬迎擊體制。兩軍交戰一個月，大津被攻陷，大友皇子自縊，結束了這場戰爭。

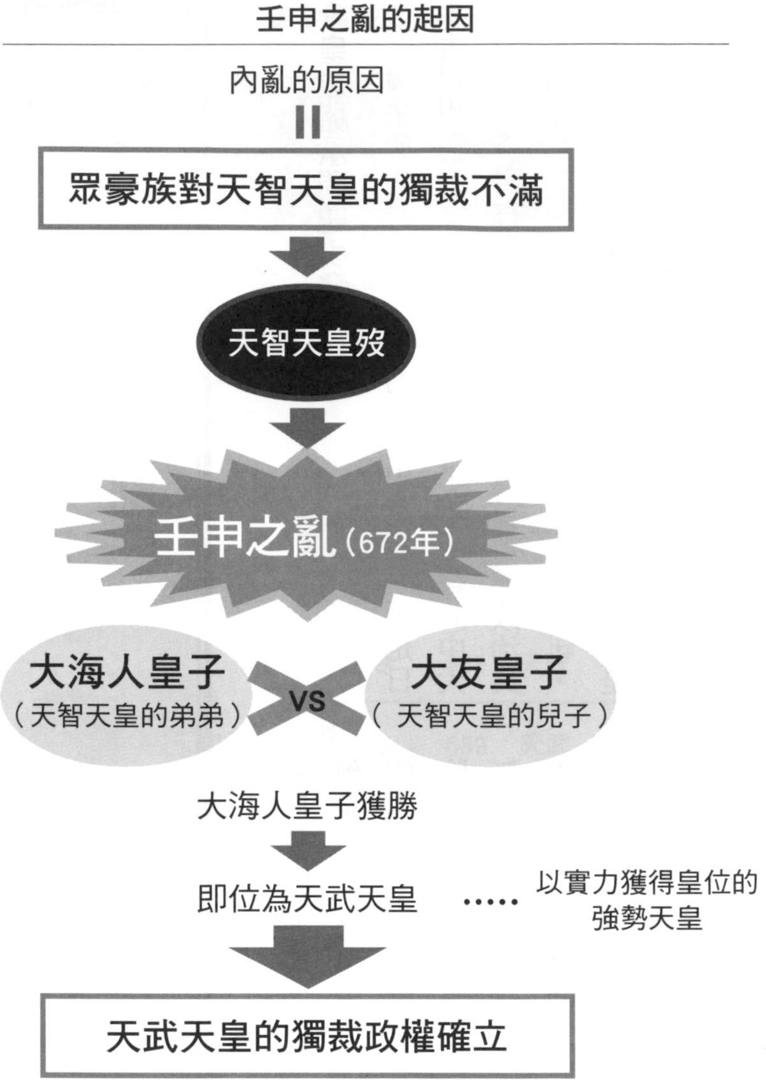

✿天武獨裁政權誕生

獲勝的大海人皇子，在飛鳥即位為天武天皇。以武力奪下皇位的天武勢力強大，諸豪族不得不乖乖服從。就在這股氣勢下，天智天皇所期待的中央集權國家體制迅速達成。這或許可以說是一段相當諷刺的歷史吧！

History Tips 大友皇子應為天皇，但是奪下皇位的天武天皇為了不落人口實、受人責難，而有竄改史書之嫌。明治三年（1870年）受追贈為弘文天皇。

COLUMN

日本最古老的文字

一般都認為五世紀中葉出土的稻荷台一號古墳（千葉縣市原市）中鐵劍上所寫的字，就是日本最古老的文字。但是一九九六年一月，千葉縣市原市教育委員會員發布訊息表示，片部遺跡（三重縣嬉野町）所出土的四世紀前半赤褐色素陶罈上有用墨書寫的「田」字。如果這是事實，日本最古老的文字，就可以再往前追溯一百年。不過，文字出現的地方是在罈的邊緣，而且字跡歪斜、顏色淡薄，因此有學者提出質疑，認為那是汙漬，不是文字。

另外，絲路學研究中心的寺澤薰先生表示，這個字並非「田」字，而是二世紀到三世紀的國產銅鏡上，代表巫女的「＋」。如果這個字真的是「＋」，那麼日本最古老的字又可再往前追溯數百年。

另一方面，希望藉此發現振興小鎮的嬉野町，不遺餘力公開募集歷史論文、舉行座談會、繩文祭等宣傳。連區公所的職員名片上都印著墨書土器的照片及說明。

不過，一九九七年二月，熊本縣教育委員會發布消息表示，熊本縣玉名市的柳町遺跡中的木製鎧甲卡鎖上發現了「田」字。同時從出土的年代推測，此一遺跡應該比片部遺跡早二十至三十年。因此，對於日本最古老的文字之說，還有得爭論。

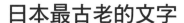

人，可以一輩子擁有該片土地，如果所開墾的是新的田地，則可以傳三代。這項法規等於允許土地可以私有。於是人們開始爭相開墾荒廢的田地，不過等到接近國家回收土地的時候，即棄田而不耕作。

為此，政府終於又頒布了「墾田永年私財法」，公認土地可以私有。雖然政府根據此法依人民的身分，規定了開墾土地的面積，但是原則上，土地已經不再只屬於國家了。（總之，就是又回到了公地公民制以前的狀態了。）

土地制度的演變①

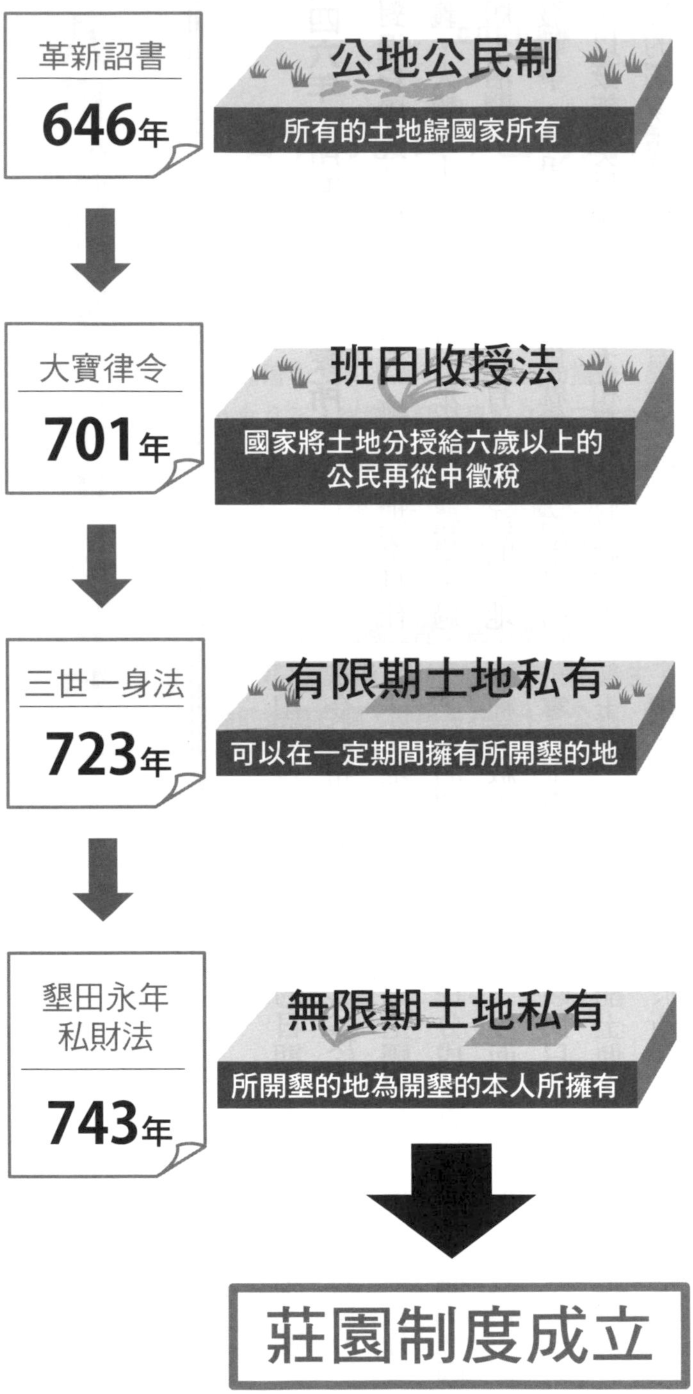
革新詔書
646年
公地公民制
所有的土地歸國家所有
大寶律令
701年
班田收授法
國家將土地分授給六歲以上的公民再從中徵稅
三世一身法
723年
有限期土地私有
可以在一定期間擁有所開墾的地
墾田永年私財法
743年
無限期土地私有
所開墾的地為開墾的本人所擁有
莊園制度成立

History Tips

在公地公民制的制度下，男子所要繳納的租稅（土地稅）比女子重，所以當時耍小聰明偽造戶籍資料的人不在少數。

土地所有權從武士手中交給農民

始於八世紀的莊園制度，一直到十六世紀才被豐臣秀吉廢除。

莊園制度是一種新的土地系統

墾田永年私財法頒行後，首先進行開墾的，都是擁有雄厚財力的佛寺和神社、貴族。他們所開墾的土地，稱為初期莊園。

但是十世紀之後，初期莊園衰退，開發領主（有權勢的農民）開始驅使作人（農民）、下人（農奴）開拓土地，再將所得捐贈給貴族或佛寺和神社，這種作法所形成的寄進地系莊園，取代初期莊園。當然所謂捐贈只是巧立名目，事實上土地的所有權都在開發領主手上。他們藉捐贈，把貴族、佛寺和神社當作領家、本家崇拜景仰，其目的是利用貴族、佛寺和神社的權威，免去地方官的壓力及租稅。

開發領主還享有兩種很特別的權利，一是「不入之權」，就是可以拒絕地方官進入莊園的權利，另一種是「不輸之權」，就是可以免除稅租的權利。所以寄進地系莊園等於完全不受國家的管理。於是這種莊園就成了日本土地政策演變的基本原型。

從莊園到武士

之後，莊園的開發領主拿起刀槍成了武士，這些武士在鎌倉室町幕府的武士政權下，成為直屬於將軍的家臣，向將軍表示誓死效忠的同時，即可獲得將軍的保證，擁有祖先所留下來的土地。直接耕作莊園土地的當然是農民，但是農民之上還有開發領主、領家、本家。換句話說，一塊土地上還有數層的中間剝削。直到豐臣秀吉（1536—1598）祭出兵農分離令，排除了這些中間的剝削層，確定一地

對中國外交的演進

- **3世紀**：**邪馬台國的卑彌呼**
  - 派遣使節到魏國
- **5世紀**：**朝貢外交**
  - 倭國五王（讚、珍、濟、興、武）向中國南朝朝貢
- **7世紀初葉**：**對等外交** ＝ **遣隋使**
  - 607年，聖德太子派小野妹子到隋朝
- **7世紀中葉**：**形式上的朝貢外交** ＝ **遣隋使**
  - 為了獲得大陸先進的技術、文化，派遣使節多達十五次
  - 663年、白村江之戰 日本vs唐、新羅⬇關係惡化
  - 753年、鑑真[*26]到日本
  - 804年、最橙、空海到唐朝

第一個渡海，一直到菅原道真[*25]建議停派遣唐使為止，總共派了十五次的遣唐使，到了奈良時代則每隔二十年派遣一次。據說最多的一次，包括見習的僧侶、留學生在內多達二百五十名，分乘四艘船浩浩蕩蕩出發。當時航海技術並不純熟，但是就算遭遇船難，大和朝廷仍然前仆後繼，進行搏命之旅。持續約二百五十年的遣唐使，對日本國家制度及文化的發展貢獻不少。停派遣唐使之後，中日之間幾乎不再來往。日本的文化在不受中國影響的情況下，從十世紀到十一世紀之間，走出了自己的風格，培育出了屬於日本自己特有的國風文化。

藉民間貿易行商業外交

到了十二世紀，南宋的商人因為要和日本人做生意，頻頻渡海來到日

History Tips 在十五次的遣唐使派遣途中，發生八次船難，航行途中危機四伏。所以學成歸國後，個個都可封官晉爵。

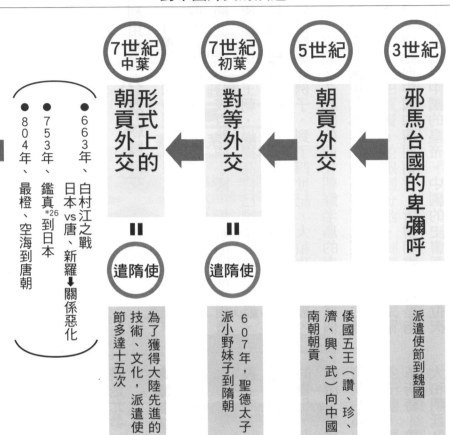

9世紀末

廢止遣唐使（894年）

菅原道真向朝廷建議

● 9～11世紀：中日關係疏遠

造成國風文化的發達

12世紀中葉

民間的貿易交流

＝

宋朝日本之間的貿易

平清盛在大輪田泊（神戶港）和宋朝的商人進行貿易

本。於是在利潤的驅使下，民間貿易為中日兩國再度開啟往來之門。其中最引人注目的就是伊勢的平氏。平清盛重整瀨戶內海航路、修築大輪日泊（現兵庫縣神戶港）、壟斷貿易，獲利最多。據說他從宋國進口的貨品，除了書籍、陶瓷器、經典之外，還包括了大批的銅錢，這對日本後來的貨幣經濟有相當大的貢獻。

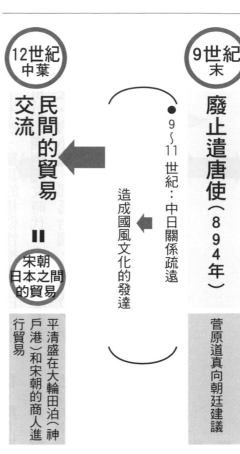

皇子，為了防範唐和新羅的大軍來襲，除了在西日本各地築城，還派了士兵駐守九州全面警戒。

友好關係逐漸疏遠

但是敵人並沒有攻上日本列島。因為唐和新羅滅了高句麗後，為了國境問題，兩國從友好關係變成了敵對關係。新羅為了牽制唐，還向日本進行朝貢。當然大和朝廷也派遣使者到新羅，和新羅締結友好關係。另外，大和朝廷從奈良時代起，也定期派遣唐使至唐，解除了和唐原本緊繃的險惡關係。但是大和政權在七七九年和新羅斷交後，直到江戶時代前，都沒有恢復正式邦交。

七一二～九〇一年◆古事記與日本書紀

編纂《古事記》和《日本書紀》的目的

兩本都是受命於天皇所編纂的史書，編纂的目的都是為了讓天皇世家更神聖。

編纂於同一時代的《古事記》和《日本書紀》

有系列編纂日本歷史的書籍，始自於《古事記》（七一二年）和《日本書紀》（七二〇年）。這兩本史書都是天武天皇下令開始編纂的。天武天皇有鑑於《帝紀》中所記載的皇室系譜和《舊辭》*27中所記述的神話、傳承，有諸多錯誤，要稗田阿禮*28精讀這兩本書，並且將內容默背下來。後來元明天皇擔心稗田阿禮老去之後，將無人承繼，於是命令稗田阿禮口述，由奈良時代的文人太安萬侶（?—723）做筆錄，這就是《古事記》。《古事記》分上中下三卷，記錄了自天地創造至推古天皇時代發生的事。

《日本書紀》則以帝紀、舊辭為基本根源，再加入中國、朝鮮的正史、日本的古記錄編纂而成，總共有三十卷，系譜第一卷內容豐富最為厚重，一直到元正天皇才完成。最主要的編纂者是舍人親王（676—735，天武天皇之子），《日本書紀》記述了神話至持統天皇的各種事跡。《古事記》偏重故事性，是一本有趣的讀物，但是內容和《日本書紀》並沒有多大差異。大和朝廷為什麼要在同一時期編纂兩部類似的史書呢？

正史和私藏書的不同

因為這兩書的編纂目的並不相同。《日本書紀》是模仿中國正史所編纂的官方公開記錄，所以和之後的《續日本紀》（七九七年）、《日本後紀》（八四〇年）等五本史書，合稱「六國史」。而《古事記》是屬於天皇家所保存的私人藏書，所以

橘諸兄。只是在藤原武麻呂之子仲麻侶（706—764）得到光明皇后寵愛，成為新興的力量之後，橘諸兄[30]支撐不下去，而於七五六年退出政界。橘諸兄的兒子奈良麻呂對此事相當不滿，計劃發動非武裝政變奪回政權。但是還沒行動就東窗事發被逮捕了。

奈良時代的權貴及政變

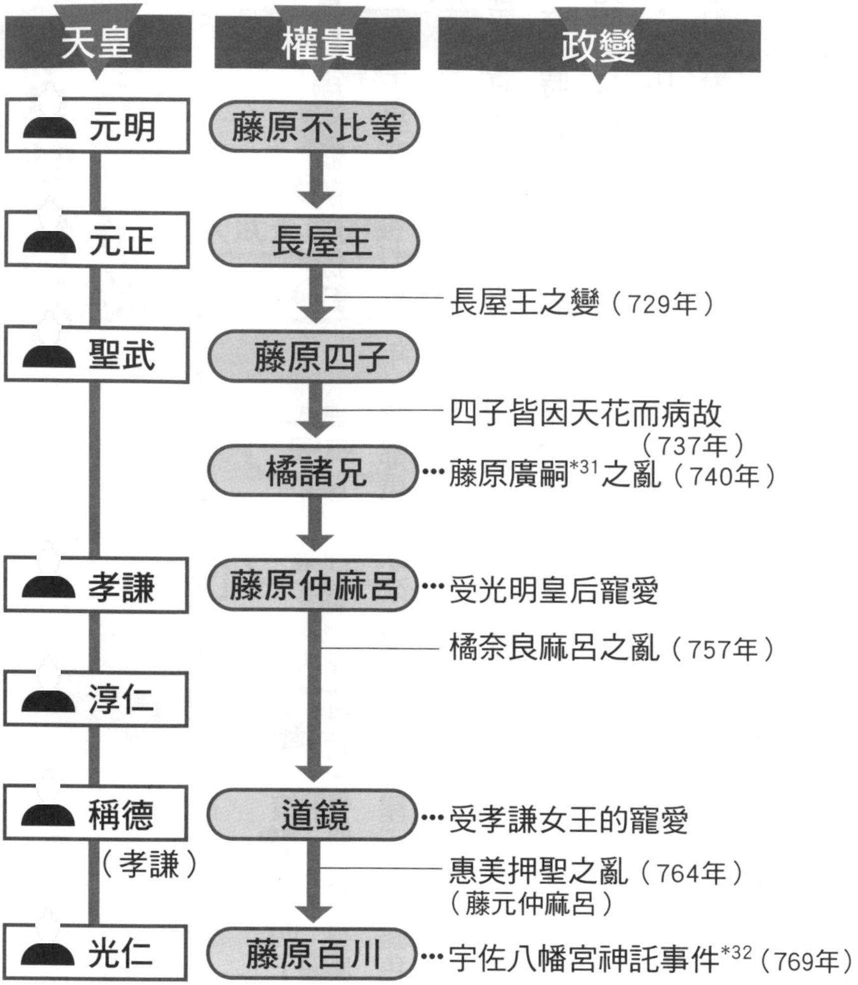

仲麻呂的時代也不長久

之後，即進入仲麻呂的全盛時期。孝謙女帝（光明皇后的女兒）退位之後，仲麻呂憑一已之見，讓淳仁天皇即位，並在光明皇太后的支持下，成為太政大臣跋扈專權。但是光明皇太后去世之後，孝謙上皇開始寵愛僧人道鏡（?—772），仲麻呂的人生即由明轉暗。上皇打算削去仲麻呂的大權，並把大權交

History Tips　鎌倉時代的作品《道鏡巨根傳說》一書，是描繪孝謙天皇因為攝服道鏡的性技巧，而對道鏡特別寵愛。

給道鏡。仲麻呂為此舉兵，但是兵敗而自縊。不久之後，道鏡以太政大臣禪師之名，在復位的孝謙天皇（稱德天皇，718—770）身邊，開始展開佛教政治，由於天皇沒有兒子，鏡道竟然計劃謀反，企圖讓自己登上皇位，但是被和氣清麻呂（733—799）所阻。七七〇年孝謙天皇駕崩，頓失依靠的道鏡，被逐放到下野國藥師寺。果真是諸事無常，奈良時代真的印證了勝者必滅的理論。

COLUMN

被判流刑的小野妹子做錯了什麼事？

在前面的章節已經詳述六〇七年，聖德太子派遣小野妹子去謁見中國隋煬帝，要求對等外交的事。

隋煬帝雖然為這封無禮的國書大怒，但是基於對朝鮮方面的策略，需要日本方面的協助，仍然派出裴世清擔任答禮使。所以小野妹子帶著煬帝的回書及裴世清於次年返回日本。可是就在歸國途中出大麻煩。因為一行人在通過百濟的時候，遭到盜賊襲擊，煬帝的回書竟然被偷了。

這件事在朝廷內掀起了軒然大波，許多人主張應該判小野妹子流刑。但是聖德太子仁慈，答應讓小野妹子再次帶著留學生前往隋，以便將功折罪。於是在同年，小野妹子又再次帶著高向玄理、南淵請安等多位留學生渡海到隋。

但是小野妹子為什麼會被襲擊？為什麼其它人和財物都平安無事，只有煬帝的回書被搶？這件不光彩的事，還是充滿了疑點。

所以有歷史學人認為，回書被搶根本就是子虛烏有之事，因為小野妹子並沒有拿到煬帝的回書。煬帝不為日本無禮的國書寫回書，所以小野妹子只好自導自演上演一齣回書被偷的戲碼。如果這件事是真的，聖德太子知道這件事因而原諒了小野妹子的可能性就很高了。

COLUMN

鑑真和尚為日本立下了不為人知的功績

眾所周知，鑑真和尚是唐朝的高僧，一心弘法，宣揚正確的佛教戒律。他不畏險阻，歷經數次渡海失敗的經驗及失明的打擊，終於來到日本，在東大寺設立了戒壇院，成為日本律宗的開山祖師。

之後，皇室受到鑑真的影響開始皈依佛門，於是鑑真為聖武天皇、孝謙天皇以及四百多位僧侶舉行正式的授戒儀式，因此受朝廷賜予大僧都之位（佛教界最高位階）。

但是，鑑真在日本所立下的功績，並不侷限於佛教。因為他把唐朝最新的雕刻技藝、建築技術、甚至連醫學常識也一併帶入了日本。

《續日本紀》記載，皇太后病倒時，鑑真調藥奉上，皇太后立即痊癒。除了懂醫術之外，鑑真在中國也是一位名書法家，所以他把王羲之的墨寶帶到了日本。

為日本文物貢獻良多的鑑真，面向西採蓮花坐姿，圓寂於奈良的唐招提寺禪室，享年七十七歲。《東夷傳》對鑑真的圓寂，有一段奇妙的記載：

> 鑑真圓寂後三天，仍有體溫，所以弟子暫時未處理鑑真的遺體。後來，弟子為鑑真火化遺體時，附近一帶處處飄香。

因為鑑真是位得道的高僧，所以《東夷傳》才刻意這麼描寫的吧！

藤原道長興盛的祕密

一〇一六～一〇六七年◆攝政政治的結構

道長鴻運當頭，陸續將四個女兒嫁給天皇，長年和皇家維繫著外戚關係。

幕後掌握實權的人——攝政和關白

平安時代的「攝關政治」，是一種由天皇的外戚（外祖父）就攝政或關白之位，充任天皇監護人，代行一切政務的政治體系。尤其是「攝政」一職，是在天皇還年幼時，或女帝即位時所設立的職位，所以像聖德太子、中大兄皇子等人，以皇太子之位再接任攝政一職，是一般的通例。但是到了八六六年，清和天皇[*40]的外祖父藤原良房[*41]則是第一位以臣子身分擔任攝政的人。良房出身藤原北家（藤原家在藤原不比等之後，分成南家、北家、京家、武家等四家），兒子基經（養子）繼承其位，於八八七年就關白之位。所謂「關白」，是指在長大成人後的天皇身邊實行攝政職務的官職。這個官職是在基經[*42]時代才設置的。此後，攝政和關白，就成了藤原氏北家的世襲官職。所以實職上的攝關政治，一直持續到十一世紀為止，總共長達一百五十多年之久。

能否擔任攝關，全都靠運氣嗎？

藤原氏北家由於連續擔任攝政和關白，所以被譽為攝關家。但是為了爭取攝關的職務，藤原氏北家卻猶如陷入泥沼一般，經常上演權力鬥爭的戲碼而不可自拔。其中以兼通、兼家的兄弟之爭，道長和叔叔伊周的叔姪之爭最為有名。不過想要擔任攝政或關白，有個必要條件——必須是天皇的外戚，所以無論如何都得設法將女兒嫁給天皇為妻。為此，有心者必須先為愛女聘請像紫式部、清少納言等優秀的家庭教師，將女兒調教成能夠得到天皇青睞的才女。但是就算有女兒有幸能夠嫁給天皇，如果生不出男孫，也是無濟於事。易言之，是否能夠成為幕後的實權掌控者，運氣占了相當大的成份。

要成為攝政和關白……

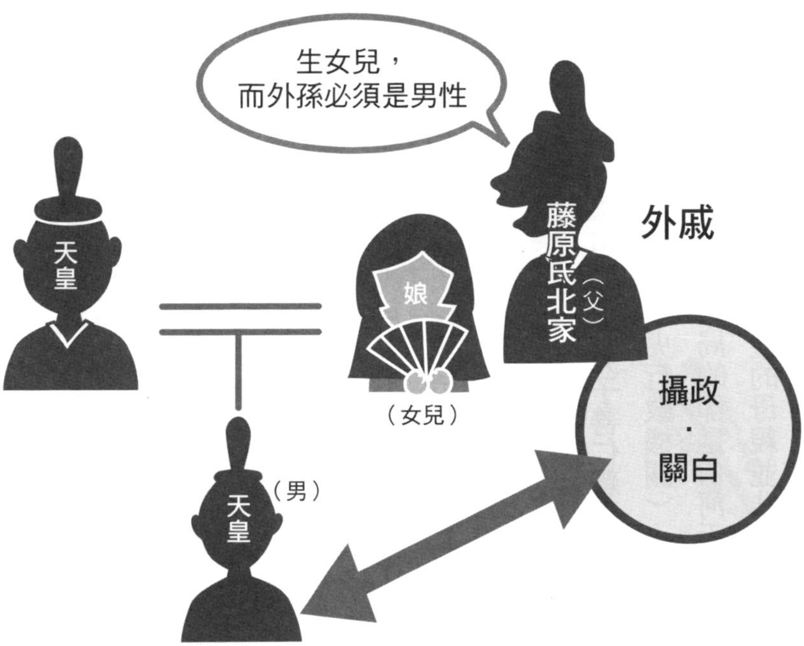

將四個女兒都嫁給了天皇

攝關政治的全盛時期，就是藤原道長的時代。道長是個運氣相當好的人。他是兼家的第四個兒子，照理說輪到他來攝政的機會，實在是微乎其微，但是在三個兄長接連病故，兄長的女兒們又生不出皇子的情況下，女兒彰子趁機進攻，成功地當上一條天皇的中宮，並幸運的生下皇子後一條天皇[*43]，而成了外戚。後來，道長又把妍子嫁給三條天皇，威子嫁給後一條天皇，嬉子嫁給朱雀天皇。四個女兒皆為皇后，真是前所未聞。所以在這近三十年的期間內，道長是無人能比的當權者。得意到了極點的道長於是高詠滿月歌：「此世唯我獨尊，月無陰晴圓缺。」但是詠罷滿月歌，道長的人生開始走下坡，女兒們一個接一個病故，兒子賴通雖然就任關白，但是後來女兒未能生下皇子，藤原家的攝關政治終於畫下句點，政治的實權轉移到上皇（天皇的父親）手中。

History Tips 據說深受女性歡迎的藤原道長，就是紫式部的情人，而《源氏物語》的主角光源氏，就是以他為題材所塑造的。

一一五六年◆保元之亂

貴族社會因不倫關係而崩壞

因上皇和天皇的爭鬥而爆發的「保元之亂」，讓武士的力量公諸於世。

冷眼對待妻子和祖父畸戀所生下來的孩子

一一五六年，崇德上皇和後白河天皇的對峙，演變成了大規模的武士鬥爭。這就是「保元之亂」，其原因有些複雜。鳥羽天皇的第一個皇子崇德天皇，突然被父親強迫將皇位讓給弟弟體仁親王（近衛天皇）。崇德天皇之所以答應，是因為父親鳥羽上皇承諾讓崇德的兒子重仁親王在近衛之後，繼任天皇之位。但是近衛天皇逝世之後，鳥羽上皇未遵守承諾，而擁立雅仁親王（崇德的弟弟，也就是後白河天皇），並且立雅仁親王的兒子為皇太子。對於鳥羽上皇的無情做法，崇德上皇真是恨到了極點。不過，鳥羽上皇之所以對崇德上皇如此冷酷無情是有原因的。事實上，鳥羽根本未把崇德當自己的兒子。因為他認為崇德是自己的妻子和祖父白河法皇畸戀所生下來的孩子。所以鳥羽總是稱崇德為「伯父」。之所以讓崇德繼任為天皇，是白河法皇的意思，而非鳥羽天皇同意的。但是形式上的強迫讓位，終究還是失敗的。因為後來竟然演變成一發不可收拾的大亂。另一方面，攝關家本身也起內訌。關白藤原忠通[*47]和弟弟賴長，因為爭奪戶主地位及關白之職而陷入交惡狀態。兩人的父親藤原忠實，因為比較寵愛賴長，打算讓忠通失去舞台，但是後白河天皇反而比較重用忠通，所以賴長轉而投向崇德上皇。

武士為皇室的鬥爭畫下句點

一一五六年，鳥羽法皇駕崩。崇德和後白河天

保元之亂的構成圖

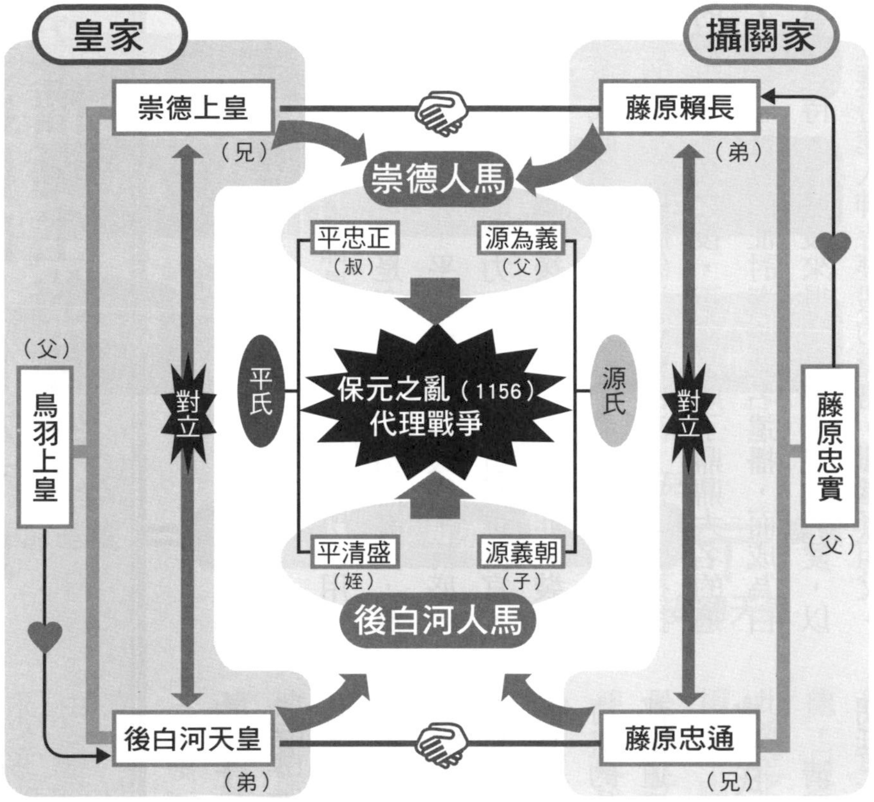

皇雙方都決定利用這個機會確定自己的政治主導權，因此雙方開始召集願意效忠於自己的武士。結果崇德得到了平忠正、源為義的支持，後白河則邀來了平清盛、源義朝[*48]。忠正和清盛的關係是叔姪，而為義與義朝則為父子。武士雖曾受朝廷之命討伐過僧兵，但是直接解決朝廷上的紛爭，這還是頭一次。此後，不管是發生政爭，或是貴族之間有糾紛無法處理時，武士都成了一股不可或缺的力量。結果，後白河天皇採夜襲戰略，崇德大敗，賴長也被射中腦袋而死。崇德因而被捕流放到了讚阜。後白河天皇對於戰俘，採從嚴處理，連封塵達二百年之久的死刑都重新啟用，所以首謀武士都被處以極刑。武士在這場內亂中，知道原來自己具有左右政權的力量，才會有後來平氏政權的產生。總之，小小的不倫疑惑，卻引導貴族社會走向瓦解。

History Tips 據說被流放到讚岐的崇德上皇，死的時候因為還懷恨皇室，所以和魔鬼訂下契約，長期化身為大魔緣擾亂皇室。

一一八〇～一一八九年◆源平的爭亂

平氏被源氏滅亡的原因

長達十年的源平爭戰，終於由源氏獲得了最後勝利。這場戰爭是如何開始與結束？

源氏終於反叛長久獨裁的平氏

從一一八〇年開戰，僵持了十年之久的源平爭亂，以年號來命名的話，就是治承・壽永之亂。由平清盛所領導的平氏一門，在朝廷獨占高位，擁有全國過半的土地，進行獨裁政治。對此相當不滿的源賴政於是擁以仁王（後白河法皇的皇子），並在京都舉兵。這就是源平爭亂的開端。以仁王等人不久之後即戰死在宇治川。但是以仁王在死前曾下達命令，要繼續追殺被安置在各國的平氏族人。接到此一命令的源氏族人於是蜂擁而起，讓這場內亂擴大至全國。在這段內亂的期間內，平氏曾燒毀東大寺，強行遷都福原（神戶兵庫區）。而且為了進行這些有欠斟酌的策略，甚至不惜和寺院勢力、貴族為敵。一一八一年，平清盛驟逝之後，平氏政權即大幅動搖。

從追殺義仲到平氏滅亡

另一方面，源氏一族爭奪主導權的結果，只剩下鎌倉的源賴朝[*53]和木曾的源義仲[*54]。於是全國成了四強鼎立的局面。即擁有畿內關西以西的平氏、平定北陸的源義仲、統一關東地方的源賴朝、君臨東北的藤原秀衡，破壞這個均衡局面的就是源義仲。義仲在俱利加羅山擊破來襲的平氏大軍，直攻京都，將平氏驅逐到關西以西。但是進入京都之後，義仲的部下行為粗暴，引起貴族不悅，被逐出京都。義仲因此幽禁後白河法皇，斷然進行非武裝政變，企圖奪取政權。法皇找機會向源賴朝求救，

源平爭亂的地圖

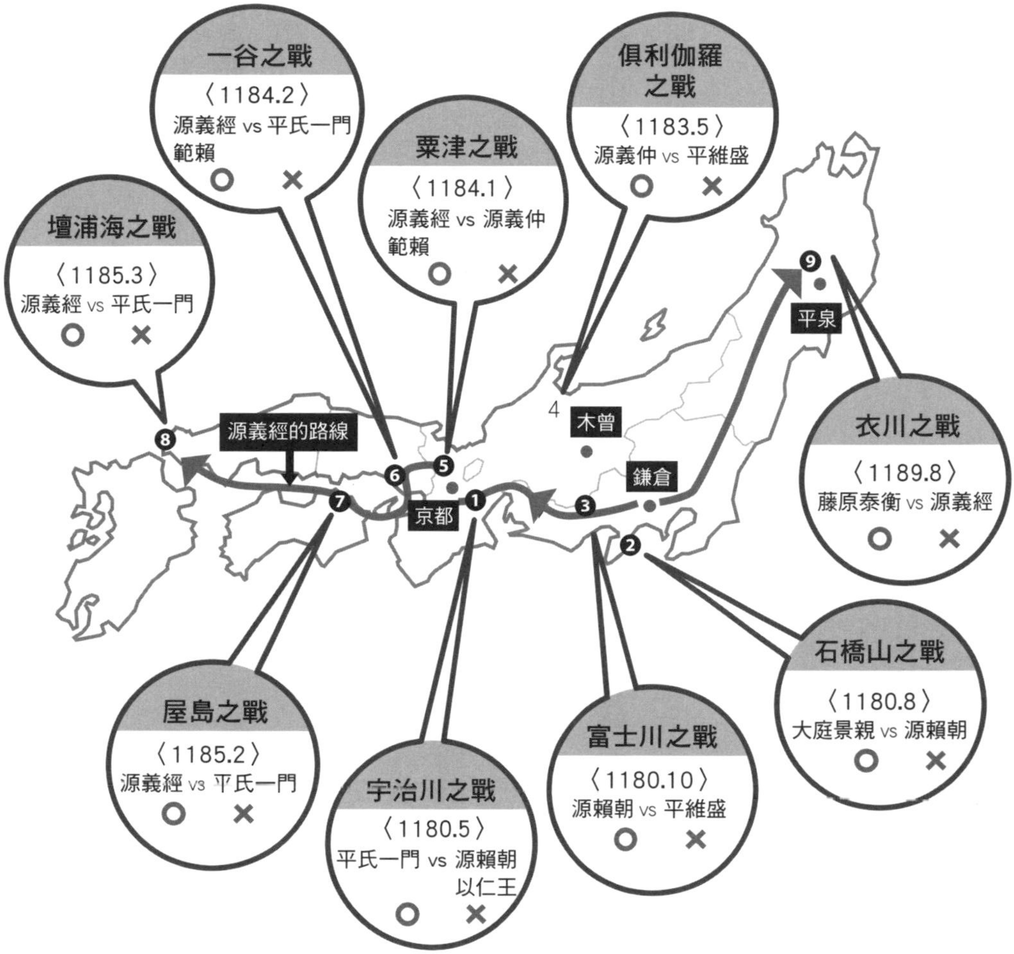

但是源賴朝並未離開關東地方，只派了弟弟源義經*55及範賴*56前來。結果義仲三兩下子就戰敗而去，最後戰死於近江國（滋賀縣）的粟津。

接著法皇即下令義經和範賴的大軍，繼續討伐平氏。義經巧妙利用騎兵集團戰術，在一谷（兵庫縣）給予平氏致命性攻擊，接著再奇襲平氏的根據地屋島，終於在一一八五年，於壇浦海（山口縣下關）一戰消滅了平氏。

垮台的義經和奧州藤原氏的滅亡

後白河法皇企圖拉攏天才軍事家義經，以牽制源賴朝，結果失敗，不得不答應

History Tips
有一說認為源義經並沒有死在奧州，而是從北海道渡海到了蒙古，化身為成吉思汗，建立了蒙古國。

奧州藤原三代和平泉文化

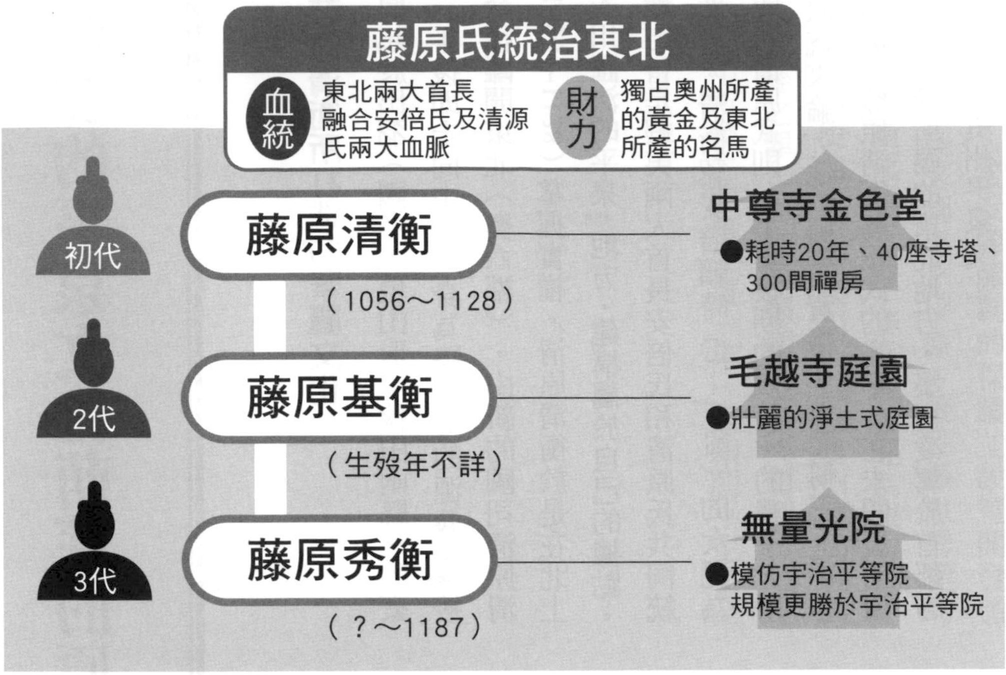

方形的建築物，面積並不算大，但是四面牆壁到屋頂都貼上了金箔，鑲嵌了具有青白色光澤的螺鈿和琉璃的須彌壇，供奉了三十三尊黃金佛像，四周還圍著七寶莊嚴的圓柱子。螺鈿用的是生長於琉球深海的夜光貝；裝飾須彌壇的白色象牙，不是取自印度象而是非州象。總之，這座寺院的奢華程度令人嘆為觀止，稱得上是現存平泉文化中最頂級的建築物。之後，奧州的藤原家族，由清衡傳到基衡再到秀衡，每個都是人才，但是卻刻意和朝廷保持距離，讓奧州藤原王國繼續存在。基衡建了模仿京都法勝寺的毛越寺，秀衡則蓋了模仿宇治平等院的無量光院，兩人對平泉文化貢獻都不小。但是走過一個世紀的藤原王國，到了第四代泰衡時，因敗給來自關東的源賴朝大軍而逐漸瓦解，讓這個出現於東北地方的高度佛教文化，除了留下金色堂供人憑弔外，其它都如雪花消失無蹤了。奧州藤原氏三代的遺骸（木乃伊），迄今仍安置在中尊寺金色堂的須彌壇之下。

History Tips 從藤原秀衡遺骸的調查結果，可以知道秀衡死時是六十多歲，血型為AB型，雖然身著愛奴族的服裝，但是從其肉體，可以確定他是日本人。

COLUMN

藤原京是照書蓋出來的失敗作品嗎？

藤原京是六九四年持統天皇所建的都邑，也是日本第一個依據中國都城制所蓋的道地帝都。至於它所含蓋的區域面積，一直以來都延用京都大學岸俊男教授所提出的說法，也就是南北三點二公里，東西二點一公里，規模是平京城的三分之一。但是從近年的挖掘調查中發現，除了這個範圍外，還應擴及到外部的道路及建築等等，所以有人提出「大藤原京說」，也就是藤原京的規模應和平城京一般大。不過到了一九九六年五月，學者專家又在藤原京外側的奈良縣橿原市土橋町等地，發現了和藤原京同寬的道路及住宅區，所以推測藤原京的範圍應該擴大到這些地區；也就是說藤原京的占地規模應該比平城京及平安京都大。

但是這麼大的帝都，日本朝廷竟然只用了短短的十七年，就遷移到平城京。對此有人認為，這是因為中央集權造成官差人數快速增加，以致可使用空間過於狹小，所以遷都。但是這回的發現，卻將這種說法全盤否定了。那麼，這麼大的藤原京為什麼不到十七年就成了廢都了呢？對於這個問題，近畿大學副教授大脅潔先生的說法很耐人尋味。他說藤原京興建之時，正是遣唐使中斷的時候，所以整個都市是參考中國的古書「周禮」所設計的。但是之後發現長安的構造和「周禮」所記述的並不相同，所以有人主張重建。事實上，藤原京的規格真的一點都不像唐朝的任何一個都市，倒和「周禮」中的記述極為相似。

第
3
章

武士主導的時代

從鎌倉幕府的誕生到室町時代

武士成為主導，庶民開始抬頭

時代的主角從朝臣到武士

如果說之前的時代，主角是朝臣是貴族，那麼中世紀的主角就是武士了。之前如同朝臣所豢養的狗，只懂得乖乖聽命的武士，終於發現自己擁有強大的武力及勢力。他們不禁問自己，為什麼如此強勢的自己，卻要對柔弱的朝臣貴族唯命是從？單純的疑問變成了不滿，於是武士們開始反抗了。

十二世紀末，源賴朝在鎌倉創建幕府，武家政權正式揭幕。雖然中間朝臣的政權（建武政權）一度復甦，但是如曇花一現旋即崩毀，從室町幕府走過戰國時代，再到江戶幕府，武家政權一直持續不墜，直到一八六八年明治維新。在這段長達七百年的時間裡，日本的政界都是由武士所主導的。

武士壓制抬頭的庶民

但是到了室町時代末期，新階層的勢力不斷擴張。這個新階層就是以農民、工商業者為主的庶民階級。

農民為了擺脫階級統治（武士），親手制定村法（惣掟）*1（編注：惣發音為SO）做為自衛手段，以自治的方法營運村里，對於武士的卑鄙干涉，更是勇於發起農民抗暴抵抗到底。

同一時期，日本出現了數個自由都市，如堺（位於大阪中南部）、博多等。這些都市的營運者就是和中國明朝有國際貿易往來的商人們。商人們在這些都市的四周挖了深濠，不許武士介入。當武士來襲時，商人們就花錢雇請傭兵，將他們趕走。所以這些自由都市，就是一個個沒有戰爭的天堂。

另外，一向宗門徒也以一向宗寺院為中心建造寺內町，在神佛的見證下，創造一個平等的社會。當武士來干涉的時候，農民也會強烈反抗。

但是不久之後，這股庶民的勢力，即因戰國大名[*2]的出現而受到抑制。例如，織田信長[*3]就攻陷了堺，讓堺成為他的直轄地，並徹底鎮壓農民和一向宗的力量。結果一心想翻身為主角的庶民，只能乖乖屈服在武力之下。

距此三百年後，庶民才真正翻身成為時代的主人。

中世 10 大要聞

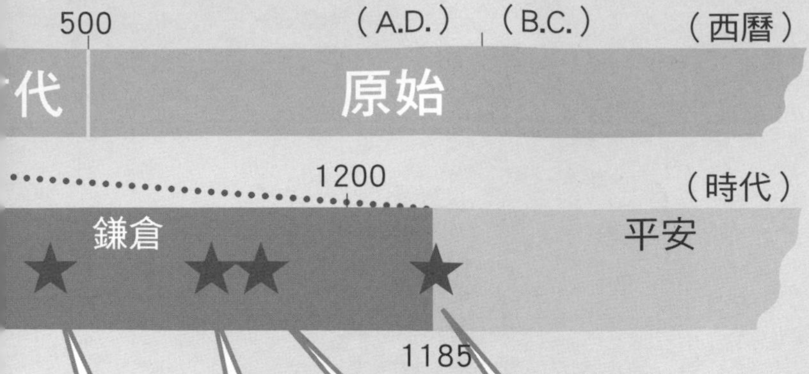

建立鎌倉幕府（1185～）

打倒平氏（平清盛）的源賴朝，一一八五年獲得朝廷的許可設置守護（官職名）及地頭（開發領主）。一一九二年被任命為征夷大將軍。

承久之亂（1221）

推翻後鳥羽上皇，由幕府掌握全國的政權。

制定御成敗式目[4]（1232）

北条家第三代執權者[5]北条泰時[6]，制定第一個武家成文法。同時設評定眾[7]、連署[8]等官職，確立執權政治。

文永之役（1274）

元軍於文永十一年大舉入侵日本。一二八一年弘安四年，元軍又再度來襲。日本人稱元軍為海寇。這兩次元軍都因暴風雨，造成船隻沉沒而退兵。

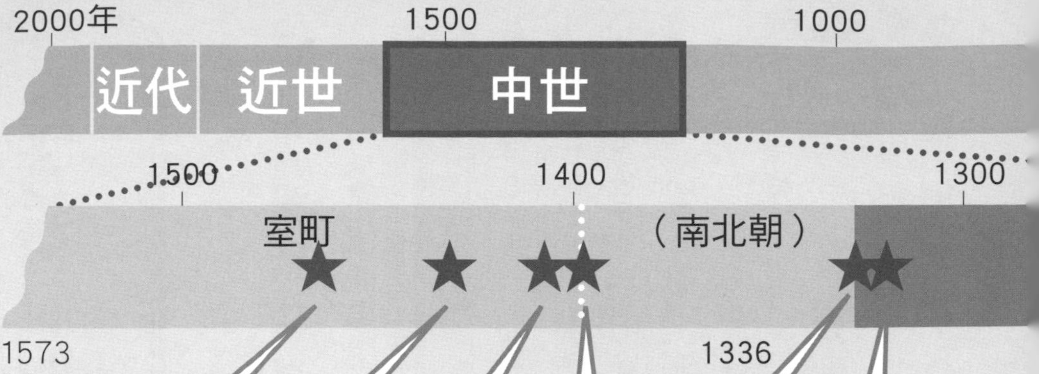

建武新政（1333）

後醍醐天皇[*9]將幕府消滅之後，回到京都，施行新政，讓朝臣政權（建武政府）復甦，但因武士的不滿，建武新政維持不到兩年，即趨崩壞。

室町幕府建立（1336～）

足利尊氏（1288—1339）制定建武式目（法典），指示施政方針。二年後，受命為征夷大將軍。

南北朝合一（1392）

第三代將軍足利義滿（1358—1408）居中調停，結束了長達六十年的南北朝動亂，並合而為一，迎接室町幕府的全盛時期。

日本、明朝開始貿易（1404）

第三代將軍足利義滿，為了取締倭寇，允許日本和明朝進行國際貿易。貿易所得為幕府重要的財源。

正長年間的德政一揆（1428）

農民發動大規模的暴動，襲擊酒店、倉房、寺院等，請求頒布德政令以取消借款。

應仁之亂（1467）

因第八代將軍足利義政（1435—1490）之繼承紛爭，而使全國陷於爭亂之中。戰國時代於焉開始。

鎌倉幕府的創建

一一八〇～一一九二年◆鎌倉幕府

日本第一個武家政權——鎌倉幕府循序漸進籌建體制。鎌倉幕府是什麼時候取得政權的？

關於幕府建立的年代有多種說法

一般人的常識都相信「鎌倉幕府是建於一一九二年」，但是這個答案是值得存疑的。我們之所以會認為鎌倉幕府是建立在一一九二年，是因為白河法皇逝世的一一九二年，源賴朝被任命為征夷大將軍。但是少數的歷史學家對這個定論另有看法。鎌倉幕府是十二世紀末，由武士以關東鎌倉為據點所建立的軍事政權。但是對於幕府究竟是什麼時候正式成立的，卻有六大說法，一直到現在還沒有理出一個結論。

①一一八〇年：源賴朝在鎌倉設置侍所，統轄關東地區。

②一一八三年：朝廷承認源賴朝擁有統治關東的權利。

③一一八四年：設置公文所、問注所，籌備幕府的體制。

④一一八五年：源賴朝獲得任免守護及地頭的權利。

⑤一一九〇年：源賴朝被任命為右近衛大將。

⑥一一九二年：源賴朝被任命為征夷大將軍

到底何時才取得政權？

「幕府」這兩個字源自中國，意思是出征中的大將軍陣營，日本則稱近衛大將的官邸為幕府。但是如前所述，一般提到鎌倉幕府，指的就是由源賴朝所建立的軍事政權。所以如果以政權的誕生來推測幕府成立的年代，顯然⑤、⑥的說法是不太適當

鎌倉幕府的組織制度（編制）

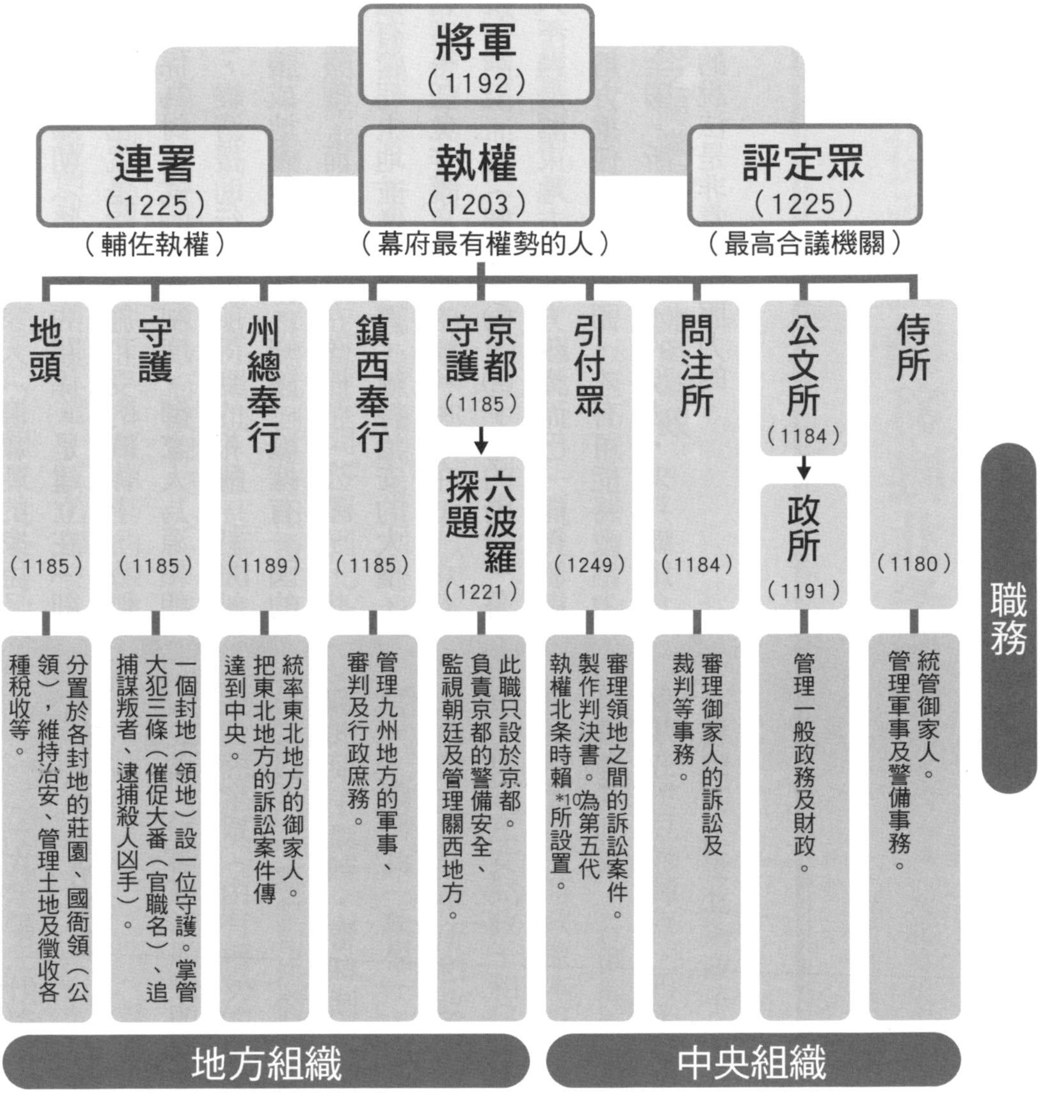
將軍
（1192）
連署
（1225）
（輔佐執權）
執權
（1203）
（幕府最有權勢的人）
評定眾
（1225）
（最高合議機關）
地頭
（1185）
分置於各封地的莊園、國衙領（公領），維持治安、管理土地及徵收各種稅收等。
守護
（1185）
一個封地（領地）設一位守護。掌管大犯三條（催促大番（官職名）、追捕謀叛者、逮捕殺人凶手）。
州總奉行
（1189）
統率東北地方的御家人。把東北地方的訴訟案件傳達到中央。
鎮西奉行
（1185）
管理九州地方的軍事、審判及行政庶務。
京都守護
（1185）
六波羅探題
（1221）
此職只設於京都。負責京都的警備安全、監視朝廷及管理關西地方。
引付眾
（1249）
審理領地之間的訴訟案件。製作判決書。為第五代執權北条時賴*10所設置。
問注所
（1184）
審理御家人的訴訟及裁判等事務。
公文所
（1184）
政所
（1191）
管理一般政務及財政。
侍所
（1180）
統管御家人。管理軍事及警備事務。
職務
地方組織
中央組織

※（）中的年代，為該編制成立的年代。

History Tips 從掌握全國政權的角度來看鎌倉幕府成立的時間，有不少學者認為鎌倉幕府成立的時間，應在1221年的承久之亂後。

鎌倉幕府權勢的移轉

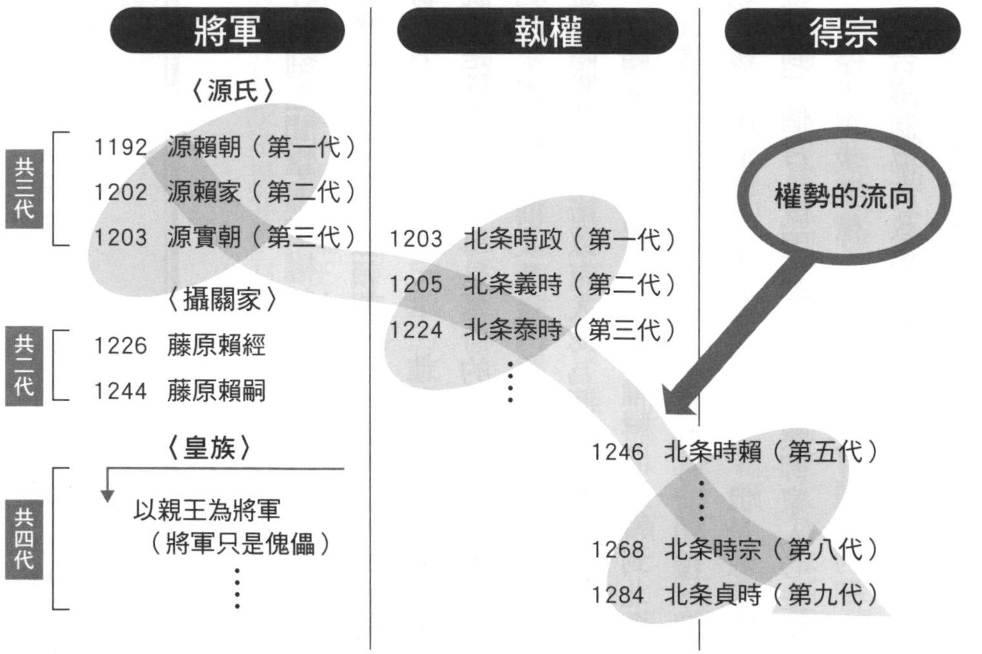

繼位。幕府於是從京都攝關家迎來藤原賴經[*15]為將軍。但是來自攝關家的藤原（又稱攝家）將軍只延續了兩代。

之後，幕府即以皇族親王為將軍。一直到幕府滅亡為止，親王（皇族）將軍總共延續了四代。但是他們全是有名無實的將軍，真正掌握實權的是北条氏家族。

北条氏的威勢不斷增強，其中以被稱為得宗家的義時嫡系的派系勢力最強大。得宗家後來由第五代執權時賴、第八代執權時宗所繼承。到了第九代的貞時時，更將將軍的特權「安堵」（保證土地的所有權等，為將軍、領主所擁有）大權握在手中，並消滅有勢的御家人安達泰盛（1231—1285），開始得宗專制（獨裁政治）。

到了十三世紀後半，幕府中的重要職位，如守護、地頭等，多半多為北条一家所獨占。不過御家人對於北条氏的獨占體制都相當不滿，對於幕府的忠誠度也就越來越低了。不久之後，後醍醐天皇發起討幕運動，鎌倉幕府徹底崩壞（一三三三年）。

History Tips 北条氏已藤原賴經長大企圖謀反為由，將他送回京都。其實這是北条氏為了不讓將軍握有實權所採取的非常手段。

從以公家為中心的文化到武士的東山文化

十二世紀末～十六世紀中葉◆中世文化的演變

一直以來，以公家（一般朝臣）、貴族為中心的文化，逐漸轉變成由武士領導的文化。

公家仍是文化的中心

從鎌倉時代到室町時代的中世文化，大致可區分為四期，即鎌倉文化、南北朝文化、北山文化、東山文化。以下就是這四期的文化特徵，及其代表作品。

鎌倉文化——從十二世紀中葉到十四世紀初。這段時期，雖然武家政權已經建立，但是文化的推手仍然是朝臣和貴族。也就是說，武家在這個階段仍未著手創造文化，依舊處在接受朝臣所創的文化立場。此外，深受中國宋朝、元朝的影響，也是鎌倉文化的一個特徵。這一時期的文學代表作品有琵琶法師所著，堪稱是戰爭故事中最佳傑作的《平家物語》、鴨長明的《方丈記》（隨筆）、吉田兼好的《徒然草》（隨筆）等等。另外，還有幕府的正史《吾妻鏡》、慈圓的《愚管抄》等優秀的史書。建築、雕刻方面，則有東大寺南大門、圓覺寺舍利殿、東大寺金剛力士像等，個個都是傑作。

南北朝文化是指鎌倉幕府傾覆，經建武新政，到南北朝合而為一之前，在戰亂烽火中所孕育而成的文化。所以大多數的作品都是反映時代的戰爭故事、史書。代表作包括描繪南北朝動亂的《太平記》、北畠親房所著的《神皇正統記》、《增鏡》、《梅松論》等。

融合了公家和武家的北山文化

以鹿苑寺金閣為象徵的北山文化，是把別墅設在置邸於京都北山第三代將軍足利義滿，他的治世

以念佛救贖說為主的三大宗

為了要拯救庶民遠離爭亂、饑饉的現實痛苦，鎌倉新六佛教出現了。

以念佛法門為救贖的三大宗

從平安時代末期到鎌倉時代初期，源平爭亂、承久之亂，戰事一樁接著一樁，五穀欠收、饑荒不斷，人民期望能夠依憑神佛，逃離苦難。但是當時佛教是貴族的信仰，少有宗派肯為一般庶民伸出援手。

因應時勢，為積極反應庶民需求，希望能夠解救一般庶民於水深火熱的六大僧侶，幾乎全在同一時期一起出現。這六大僧侶就是法然、親鸞、一遍、日蓮、榮西、道元。他們所倡導的宗旨教義雖然都不盡相同，但是不需講求嚴格的修行卻是共同的特徵。他們都認為人們只要修行就可以獲得救贖。之後由他們所建立的宗派，即統稱為鎌倉新六佛教。其中淨土宗、淨土真宗、時宗這三宗，都只要念一念「南無阿彌陀佛」（念佛），即可往生極樂淨土。

淨土宗　這個宗派是京都的法然於平安時代末期開創的，除了武士、貴族之外，很快就傳到庶民階層。法然出生於美作國（岡山縣），年輕時曾上比叡山學習天台宗，之後嶄露頭角被譽為「智慧第一」，下山後研究各佛學宗派，即提倡「人只要念佛，就可獲得救贖」。

當時雖然後白河法皇、九條兼實[*21]等政府要人都皈依了淨土宗，但是比叡山延曆寺、興福寺並不認同法然的看法；西元一二〇七年，念佛遭禁，法然被入罪，流放土佐。一二一一年，被召喚回到京都，次年八十歲時往生。

淨土真宗　這個宗派的開山始祖親鸞為法然的弟子。法然被流放的同時，親鸞也被流放到越後國。

鎌倉新六佛教①

系統	宗派	教理	中心寺院	主要著作
淨土宗派	淨土宗〈法然〉（1133－1212）	專心念佛（誦阿彌陀佛），即可獲得救贖：「專修念佛」。	知恩院（京都）	選擇本願念佛集
淨土宗派	淨土真宗〈親鸞〉（1173－1262）	即使只有一次，只要誠心念佛，亦可往生極樂。其中惡人將最先獲得救贖：「惡人正機說」。	東、西本願寺（京都）	教行信證 歎異抄
淨土宗派	時宗〈一遍〉（1239－1289）	所有的人只要念佛，就可獲得救贖。以踊念佛方式走遍全國。	清淨光寺（神奈川）	一遍上人語錄

據說親鸞是下級貴族之子，年輕時在比叡山修行，有感於天台宗的教義不足，才下山投入法然的門下。流放到越後國之後，他依據自己的信念娶妻生子。被赦免之後，未返回京都，在關東地方傳道弘揚自己的教義。親鸞也認為縱使只有一次，只要誠心念佛，就可獲得救贖。所以提出「惡人正機說」（「惡人」「正」是彌陀的當「機」眾），強調阿彌陀佛所要接引的真正對象是惡人，也就是說只要有自覺自己是惡人，阿彌陀佛會率先伸手援手。這種教義很快就普及到各個地方，只是親鸞在生前似乎並未發覺。不久之後這個教義就衍生為淨土真宗一派。

時宗　十三世紀後半才登場的一遍，也提倡念佛可以獲得救贖。他以「踊念佛」（邊打鼓、跳舞邊念佛）的方式走遍全國，更以下層階級之人為布道的對象，弘揚自己的教義。一遍會給信徒「念佛牌」做為念佛往生的證明。據說他所發出的「念佛牌」多達二百萬個之多，而且在臨死之前，還把自己的著作全都燒毀了。

History Tips　據說親鸞對於自己信仰的念佛曾兩度信心動搖，而且還老實的告訴妻子。這也是親鸞了不起的地方。

以新的建築樣式重建東大寺

鎌倉時代有大佛式、禪宗式、折衷式[*24]等各種新建築樣式，這些樣式與自古以來的和式相融合。

一位精力充沛的老人重建了東大寺

一一八〇年十二月，平重衡的南都受到火攻時，奈良時代斥鉅資所蓋的東大寺也一併受到波及，被燒成了一片焦土。朝廷希望能夠立即重建，但是心有餘而力不足，因為處在源平爭亂中的朝廷權威掃地，所以一切工程均未按照計劃進行。就在這個時候，出現了一位將全部心力投入東大寺重建的老人。他就是擔任勸進職的重源僧[*25]。當時，重源已是一位六十一歲的老者。但是他仍然將餘生貢獻給了東大寺的重建事業。重源曾三度到宋，學習蓋寺院的最新建築技術，由他來負責東大寺的再建工程，是再適合不過。

重源首先籌措資金，他拖著老朽的身軀，行腳走遍全國進行募款。接著為鑄造大佛，特別從宋朝請來了陳和卿[*26]，自己則開始進行大佛殿及南大門伽藍堂塔的工程。重源為了找尋巨木，還深入周防國（山口縣）的深山，砍伐長四十公尺長的巨木，運送到奈良。據說為了方便運送巨木，重源還修建了佐波川、三田尻港、兵庫港等港口。為了在短時間內能夠蓋好伽藍堂塔，重源特別鑽研宋的建築樣式，甚至還採用了大佛式的全新建築手法，而且還把零件、木材等的規格，統一成數類，以方便組合。例如東大寺南大門，五種統一規格的零件，就占了所有建材的百分之八十。所以一一九五年，東大寺即重建完成。舉行落成供養儀式時，後鳥羽天皇、源賴朝等皇親權貴都列席觀禮。

鎌倉時代各種建築樣式

但是大佛式的建築樣式可能是過於粗野簡單的關係，並不合日本人感性的個性，後來即棄之不用。比較受人青睞的禪宗式（唐式），是自宋朝傳入的建築樣式。禪宗式的建築手法連細部都別出心裁、精心設計，其特徵為急斜形的屋頂、鐘形的花頭窗、唐門等。最具代表性的建築物為圓覺寺舍利殿。

另一方面，從平安時代即流傳下來的和式建築，到了鎌倉時代更為洗練。以這種建築手法興建的三十三間堂，線條柔和優美，別具風格。不久之後，在和式建築物中，出現了融合了大佛式、禪宗優點的建築物，例如觀心寺金堂。這種建築樣式為折衷式。所以鎌倉時代的建築走過三個階段，第一階段自宋朝導入新式建築樣式，第二階段與和式建築互別苗頭，第三階段則相互融合在一起。

鎌倉時代各種建築樣式

		代表建築
 大佛式	宋朝南方的建築樣式 壯觀雄偉 重源引進日本	東大寺南大門
 禪宗式	自宋朝傳入 纖細、協調和連細部 都匠心獨具	圓覺寺舍利殿
 和式	自平安時代傳下來 柔和、優美	三十三間堂（蓮華王院本堂）
 折衷式	擷取大佛式、禪宗式的優點，融合和式的樣式	觀心寺金堂

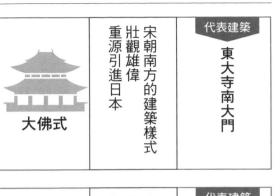

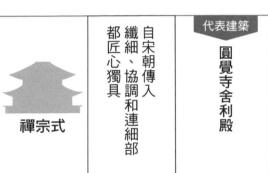

History Tips 鑄造大佛的陳和卿，以三寸不爛之舌蠱惑將軍源實朝造大船渡海到中國，可是大船進水失敗，此後陳和卿下落不明。

一二三二～十九世紀中葉◆御成敗式目

由武士為武士制定的法律

鎌倉時代制定了武家的法律「御成敗式目」，它的影響力長達四百年之久。

★武士的基準是「道理」和「先例」

武家社會的道德、習慣等等，有許多和公家社會是不一樣的。所以自古武士們進行裁判時，所依據的並不是公家的「律令格式」，而是自己的判斷基準。他們稱這種基準為「道理」或者是「先例」。從源賴朝開創鎌倉幕府開始，處理御家人之間的紛爭、糾葛時，全都是依這種基準進行裁決。一二二一年，幕府在「承久之亂」中獲勝，為了進一步掌握全國政權，執政官北条泰時開始重整統治體制。

★為武家而制定的法律登場

因為向幕府訴訟的案件激增，所以當時最迫切需要的就是制定一套公平的裁判基準。於是北条泰時先行整頓了「道理」、「先例」等，並於一二三二年制定了武家成文法、全文五十一條的「御成敗式目」（貞永式目）。當然這部成文法的適用範圍只限於幕府所管理的地方及御家人。此後，「御成敗式目」就成了武家的基本法典。

百年後的一三三六年，建立室町幕府的足利尊氏也仿北条泰時制定「建武式目」十七條，內容顯示的是今後的施政方針。但是「建武式目」並不是新的武家法代替品，所以室町幕府之後，幕府的裁判基準仍是「御成敗式目」。

★戰國時代各大名各自制定法律

經過應仁之亂進入戰國時代之後，戰國大名在各地占地為王，迎接群雄割據的時代。

戰國大名經營領國的時候，當然需要一套可以管理家臣、統治領國等等的法律。其中之一就是「分國法」。[*37]至於「分國法」的內容，會因大名的不同而有不同，但是和維持領國相關的禁止農民逃亡條項、喧嘩兩成敗[*38]的嚴罰主義、對婚姻進行干涉的家臣統馭制度等卻是共通的。

事實上這種「分國法」反映了濃烈的「御成敗式目」色彩，連江戶幕府在一六一五年所制定的「武家諸法度」（武家的基本規範），也受到了「御成敗式目」影響。由此可知「御成敗式目」是深受長年武士所尊重的。

武家法律的變遷

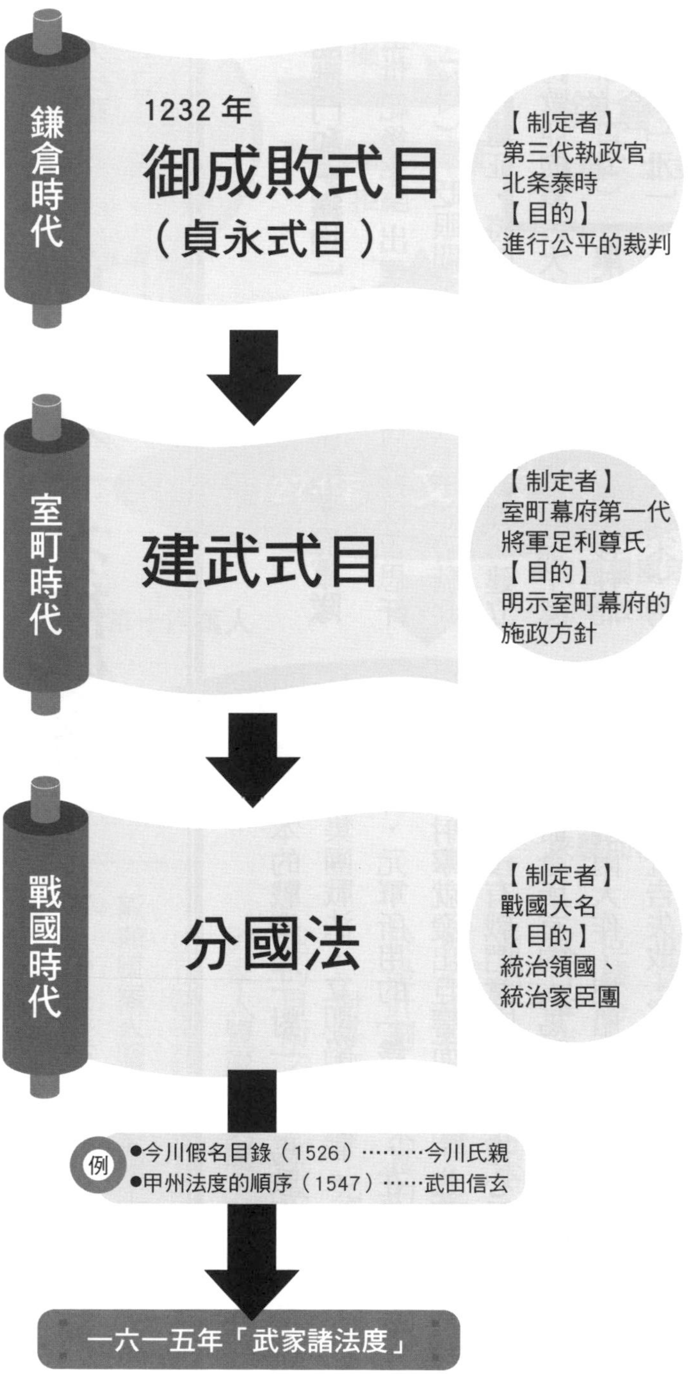

History Tips 御成敗式目的條目，在逐漸追加的情形下，最後總數超過了六百條，稱之為了「式目追加」。

鎌倉幕府被瓦解的原因

一三二四～一三三三年◆建武政府的成立①

因為有楠木正成，後醍醐天皇才能打倒鎌倉幕府。

越挫越勇的超人後醍醐天皇

一二七二年之後，皇室分裂成持明院派及大覺寺派，互爭皇位。看不下去的鎌倉幕府於是介入調停，決定讓這兩派輪流當天皇，這就是「文保和談」。一三一八年，由出身大覺寺統的後醍醐天皇即位。天皇希望自己能夠親政以正國政，於是擬定討伐幕府的計劃。但是一三二四年此一計劃卻走露風聲，天皇雖未因此而獲罪，但是他身邊的心腹卻被判流放（正中之變）。不過，天皇並不氣餒。一三三一年，他再度計劃討伐幕府。當時的御家人在增加對抗元軍所需的負擔及受貨幣經濟的打擊之下，生活捉襟見肘，整個幕府內充滿對得宗專制政治的不滿之聲，而這一切全看在後醍醐天皇的眼裡。但是因計劃尚未完備，又因近側之人的密告再度受挫（元弘之變）。天皇雖然及時逃離京都，在笠置山舉兵，但是仍然被捕，流放到隱岐（島根縣）。

楠木正成的異軍突起打倒了幕府

雖然天皇被捕，但是還是有一個人仍然高舉著打倒幕府的旗子孤軍奮鬥。他就是河內國（大阪府）的「惡黨」（不屬於幕府的新興武士）楠木正成。[*39]楠木正成以和泉、河內國為中心展開游擊戰，惹惱了幕府的首腦。不過一三三三年，楠木正成還是被窮追猛打躲進了千早城。

根據《太平記》所述，幕府以高額賞金懸賞楠木正成的項上人頭，所以瞬間就有一百萬人湧向千早城要取楠木正成的首級。當時他只有區區一千人馬，但是千早城到了最後仍未被攻陷。因為他以稻草人為餌吸引敵人過來，再將巨石、大便、沸水、火把、油料等等，從城上往下拋丟。他這種無所不用的怪戰術，打得敵人幾乎沒有喘息的空間。

就在楠木正成努力奮戰的期間，後醍醐天皇趁虛逃離隱岐，對諸國下達綸旨（命令書），呼籲大家舉兵。結果，各地有實力之士紛紛舉旗叛變，形勢因而大逆轉，鎌倉幕府走向瓦解。易言之，後醍醐天皇的堅強意志和藉藉無名的楠木正成的努力，終於改寫了時代。

鎌倉幕府崩壞的過程

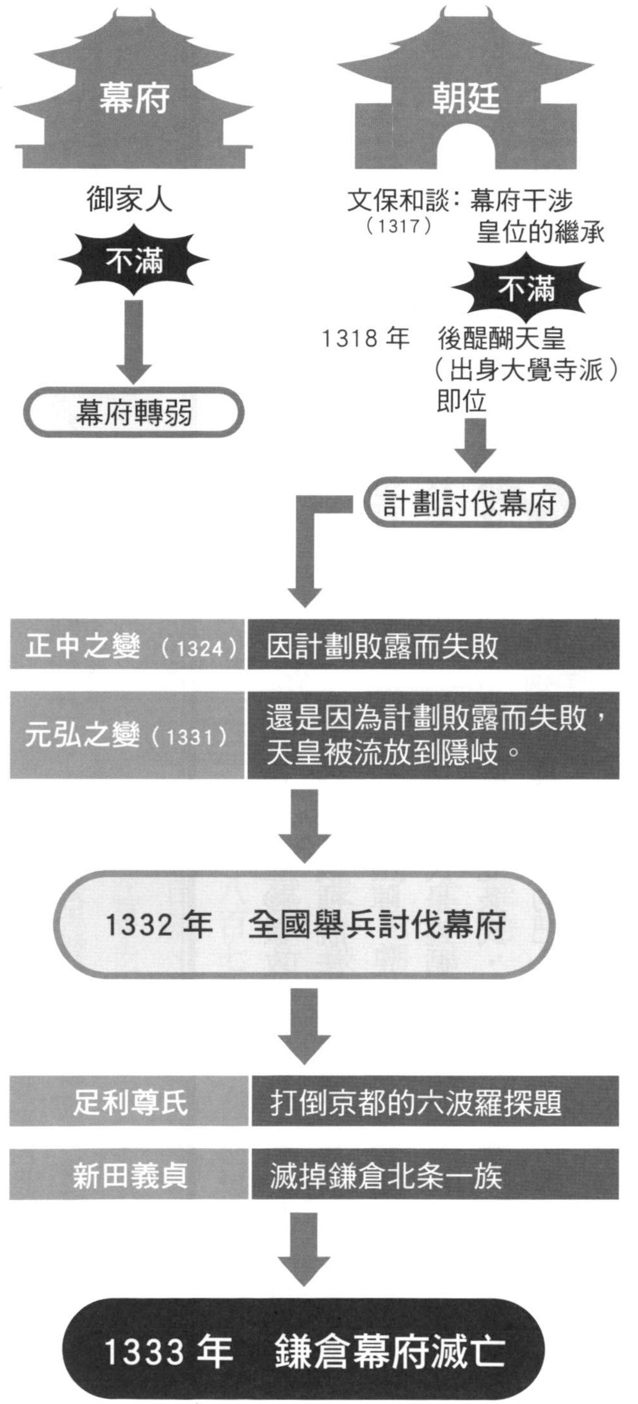
幕府
朝廷
御家人
不滿
幕府轉弱
文保和談：幕府干涉皇位的繼承
（1317）
不滿
1318 年　後醍醐天皇（出身大覺寺派）即位
計劃討伐幕府
正中之變（1324）
因計劃敗露而失敗
元弘之變（1331）
還是因為計劃敗露而失敗，天皇被流放到隱岐。
1332 年　全國舉兵討伐幕府
足利尊氏
打倒京都的六波羅探題
新田義貞
滅掉鎌倉北条一族
1333 年　鎌倉幕府滅亡

History Tips 楠木正在湊川之戰中戰死。但是當時他是以七百名騎兵對抗足利直義的五十萬大軍，而且還從早上撐到了黃昏。

一三三三～一三三五年◆建武新政

短短兩年就終結的建武新政

由後醍醐天皇開始的獨裁政治，由於輕視武士，很快就被打倒。

由天皇親政的完全獨裁政治登場

一三三三年，打倒鎌倉幕府，從武家手中奪回政權的後醍醐天皇，終於實現了天皇親政的理想，開始發揮強勢領導進行獨裁政治。

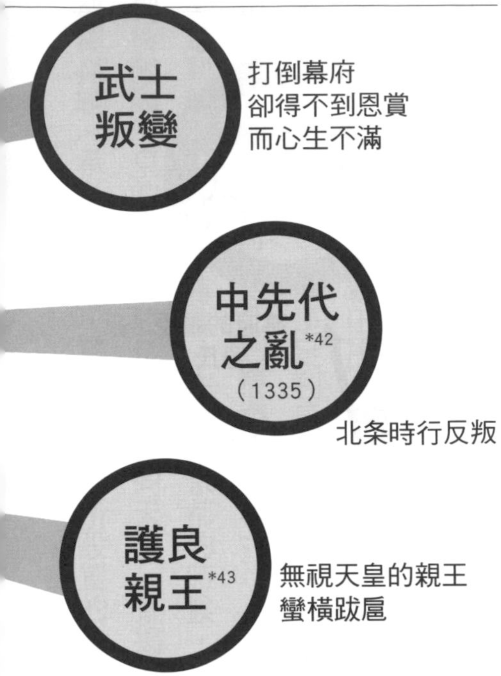
武士叛變
打倒幕府
卻得不到恩賞
而心生不滿
中先代之亂*42
（1335）
北条時行反叛
護良親王*43
無視天皇的親王
蠻橫跋扈

新政府設置了許多行政機構，例如記錄所、恩賞方（負責論功行賞的機構）、武者所等，但是對於重要事項的決策、恩賞等等，全由後醍醐天皇一人親裁。甚至有關領地的問題，剛開始的時候也都直接由天皇處理。總之處處都可看到後醍醐天皇專制的風格。天皇的命令，以「綸旨」文書形式發布，具有絕對萬能的效力。但是即如天皇本身所說：「朕（我）之新儀（新政策），即為未來之先例。」後醍醐天皇無視傳統、慣例，過於急著創新政治，終究造成許多扭曲的現象。尤其武士對於新政權所表現的不滿和失望更是日益激增。

輕視武士，不滿之聲此起彼落

武家政權傾倒，朝廷政權的確又復活了。但是

建武新政的崩壞

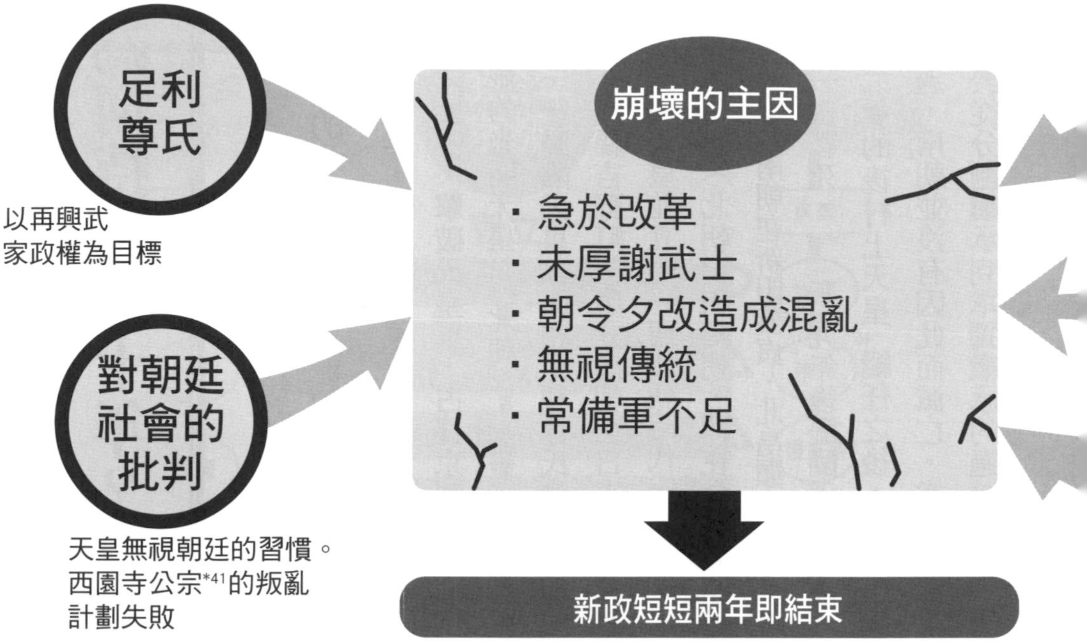
足利尊氏
以再興武家政權為目標
對朝廷社會的批判
天皇無視朝廷的習慣。西園寺公宗*41的叛亂計劃失敗
崩壞的主因
・急於改革
・未厚謝武士
・朝令夕改造成混亂
・無視傳統
・常備軍不足
新政短短兩年即結束

讓這一切成真是靠足利尊氏、新田義貞等武士的力量。然而天皇卻不屑此事，將打倒幕府的功勞給了朝廷（公家），僅略微酬謝了武士，完全無視持續了一百五十餘年、以武士為中心的社會習慣。就是因為這個緣故，新政權還成立不滿一年，各地的武士即相繼叛變。武士們希望武家政權再起，開始聚集到源氏的嫡系後人足利尊氏的身邊。此舉讓天皇焦躁地為獨裁體制猛踩油門，讓政治更加混亂。

足利尊氏的反叛

「最近京城到處充斥夜盜、搶劫、偽綸旨、夜夜昇歌、騎馬橫衝直撞、斬首、還俗、自由出家、臨時大名、迷路者、領主追查、恩賞、虛戰……」

以上是鴨川的二條河原*40為當時的社會亂象所寫的落書（批判政治的文章）的一小部份。

結果，足利尊氏在一三三五年高舉反旗，次年奪取政權，創建室町幕府，後醍醐天皇的建武政權維持不到兩年，便趨瓦解。

History Tips 後醍醐天皇死後，足利尊氏害怕自己被詛咒，在京都建天龍寺安撫天皇亡靈。足利尊氏的迷信令人意外。

一三三六～一五七三年◆室町幕府的十五代將軍群像①

創造北山文化的足利義滿

足利義滿讓室町幕府迎接最強盛的時期，但是之後，室町幕府即急速陷入混亂時代。

二百五十年中的十五位將軍

室町幕府從創建到一五七三年滅亡的這二百五十年間，總共出現了十五位將軍。在足利尊氏之後，繼第二代將軍之位的是足利義詮。足利義詮在位的時候，南朝（參見一三四頁）的勢力還很強大，所以京都數度被奪，幕府並不安寧。足利義詮就在南北朝的動亂之中，結束了一生。第三代將軍足利義滿十五歲，就繼承將軍之位。不久之後，他除去了監護人細川賴之（1329—1392），行獨裁政治，又征伐了山名氏清（1344—1392）、山內義弘（1356—1399）等有實力的守護大名。一三九二年，讓南北朝合而為一的同時，也讓室町幕府走入最璀璨的全盛時期。另外，足利義滿也開始和中國的明朝通商進行貿易，穩固幕府的財政基礎。出家之後，足利義滿遷往京都北山（含金閣寺在內）居住，北山即成了北山文化的發源地。晚年，足利義滿計劃掌握朝廷實權，讓次子足利義嗣繼承將軍之位，可是計劃尚未付諸實現即撒手西歸。第四代將軍義持對父親義滿相當反感，足利義滿一過世，即撤去朝廷給義滿的尊號，並中止採朝貢形式的日明貿易，因為他認為這種貿易形態對日本而言是種屈辱。一四二三年，足利義持把將軍之位讓給兒子足利義量。義量酗酒成性、健康狀況不佳，十九歲即過世。義持不得不再操持政務，但是三年後，他也過世了，得年才四十三歲。

幸運中籤的將軍

因為足利義持未選好繼承人即過世，所以由足利義持的四位弟弟，以抽籤的方式決定繼任人選。幸運的中籤者就是後來改名為義教，原為青蓮院僧侶的義圓。足利義教剛就任第六代將軍的時候，將政務委任重臣，但是不久之後即厲行專制體制，常常以微不足道的理由，將不迎合其心意的貴族、大名一一除去。

一四三九年，還因逼迫鎌倉公方足利持氏（1398—1439）自殺而引發永享之亂。足利義教這種苛酷的肅清行為，看在播磨武將赤松滿祐（1381—1441）的眼裡，開始對自己的家臣疑神疑鬼，並擔心自己的領地會被沒收甚至被殺，所以誘殺了足利義教。

室町幕府的十五位將軍

	代數	名字	政策·特徵	享年
草創期	1	**足利尊氏**（1338～58）	開創室町幕府	54歲
草創期	2	足利義詮（1358～67）	和南朝纏鬥、為確立幕府的權力而奮鬥	38歲
最盛期	3	**足利義滿**（1368～94）	·讓南北朝合而為一 ·開始日本和明朝的貿易 ·貿易孕育北山文化	51歲
最盛期	4	足利義持（1394～1423）	中止日本和明朝的貿易	43歲
最盛期	5	足利義量（1423～25）	因酗酒而早逝	19歲
混亂期	6	**足利義教**（1429～41）	中籤當上將軍，被家臣赤松滿祐謀殺	48歲
混亂期	7	足利義勝（1442～43）	十歲就夭折	10歲
混亂期	8	**足利義政**（1443～73）	·讓應仁之亂爆發的無能將軍 ·東山文化時期	56歲
混亂期	9	足利義尚（1473～89）	日野富子的親生子英年早逝	25歲

※（）內的年代是在位期間。

History Tips 足利義教非常殘忍，因為日蓮宗的日親*52對他說教，他就用燒得火紅的鍋子蓋在日親的頭上，並割掉他的舌頭後。將他放逐，讓他永遠不能開口。

COLUMN

執政者北条一族集體自殺的地方

一三三五年五月，新田義貞率大軍打入鎌倉的時候，執政官北条一族帶著御家人在各地奮戰，可是仍然不敵新田義貞，最後慘敗，鎌倉失陷。

在大勢已去的情形下，北条一族到主公（得宗）的府第集合，再進入屋後的東勝寺集體自殺。

鎌倉幕府至此滅亡。一九九七年，考古學家在東勝寺的遺跡（鎌倉市小町）中的「高時切腹箭樓」處，發現了大規模的建築物遺跡。這片建築物的面積約一百二十平方公尺，總共有二十九個柱穴。學者專家認為這裡應該就是當年北条一族集體自殺的地方。

在同一地方出土的陶瓷器年代，和鎌倉幕府滅亡的時期也一致。陶磁器上有被火燒過的痕跡。這點吻合了《太平記》中「該建築物被放火燒了」的記述。只可惜未能發現遺骨，不過此一出土已經成績斐然。

在這個遺跡雖然沒有發現遺骨，但是一九五三年，在鎌倉市材木座的松林裡，卻發現了九百一十具遺骸。根據推斷這些遺骸極有可能是和新田義貞軍作戰而殉國的幕府士兵遺體。

COLUMN

一三九二年南北朝統一後，沒有回到京都的天皇

一九二六年（確認相關史料的年代），歷史上又多增加了一位天皇，他就是南朝的第三代天皇長慶（編按：一三六八年即位）。雖然有人質疑在這之前，長慶是否真的即位了，可是根據新史料所記，長慶在位應該是確定的。

長慶天皇在位時，南朝已步向衰微。他把皇位讓給弟弟後龜山天皇之後，進行短暫的院政政治掌握實權，採強硬的姿態對抗北朝（幕府）。

但是，個性穩健的後龜山天皇，則努力推展和北朝的和平交涉。沒多久南北朝合而為一，後龜山天皇帶著族人、家臣返回京都。

這個時候，反對合而為一，而未同行的長慶，呼喚各地遺臣，企圖讓南朝復甦。不過根據《大乘院日記目錄》所記，長慶在兩年後即升天了。

令人覺得最不可思議的是，應該已經升天的長慶，其後的足跡竟然踏遍了全國各地。

櫛引八幡宮（青森縣八戶）有長慶上皇的甲冑、青森縣相馬村有上皇的陵墓、秋田縣秋田郡有上皇開發的金山、背戶山（山梨縣富士吉田市）的神社有上皇的墓石……，各地幾乎都有長慶上皇的傳說和遺物。

想必這些都是希望南朝再興的遺臣們，企圖以長慶做為南朝再興的精神力量，刻意要突顯長慶的存在才這麼做的。但是事與願違，南朝終究還是被時代的潮流給淹沒了。

武裝農民的基礎就是惣村組織

農民不甘默默被領主榨取，於是組成自治組織開始抵抗。

擾亂惣村秩序的人只有死路一條

到了鎌倉末期，畿內周邊出現了有自治團體的農民村落，這種村落稱為「惣村」。惣村最重視「團結一致」。只要有人違反村裡所訂的法則，就會被處以嚴刑峻罰。例如，一五〇四年二月十四日的深夜，有一位寡婦和她的兩個孩子，偷了村人所共有的蕨粉，被村人抓到後殺了。聽到這件事情的領主九條政基即在日記上寫著：「無從商量，只有殺。」因此被偷的雖然只是區區的蕨粉，但是這三位母子所犯下的擾亂村落之罪，對村人而言，卻是不可原諒的背叛之罪。由此可見惣村的團結力量是非常驚人的。

不願被壓榨就逃之夭夭嗎？

惣村由各級領導所構成的祭祀組織（宮座）來營運，各級領導包括番頭、汰沙人、大人（又稱乙名、長）。不過對於重要事項，還是會召集全村所有的人，舉行村民寄合（村落自治組織），才做最後的決定。農民之所以要組成這種自治組織，其中一個理由就是，要以集團的力量對抗領主不當的要求。他們給領主的年貢，由村子統一繳納，如果領主過度強制增加稅收，或以不正當的方法對農民進行榨取，村民就會團結抵抗。他們所採取的方法主要有三：「強訴」——全體村民湧向領主住處；「逃散」——放棄耕作逃亡；「土一揆」——發動武裝暴動。

農民也使用武力

另外，保護村民生命財產的安全，使村民免於戰亂、犯罪的威脅，也是惣村之所以形成的一個重要因素。所以在村內，村民們會行使警察權、逮捕罪犯、取締游民、可疑者等。

另外，當村落受到戰火的波及，有士兵闖入村落時，村民也會以武力將他們驅逐。

惣村的組織

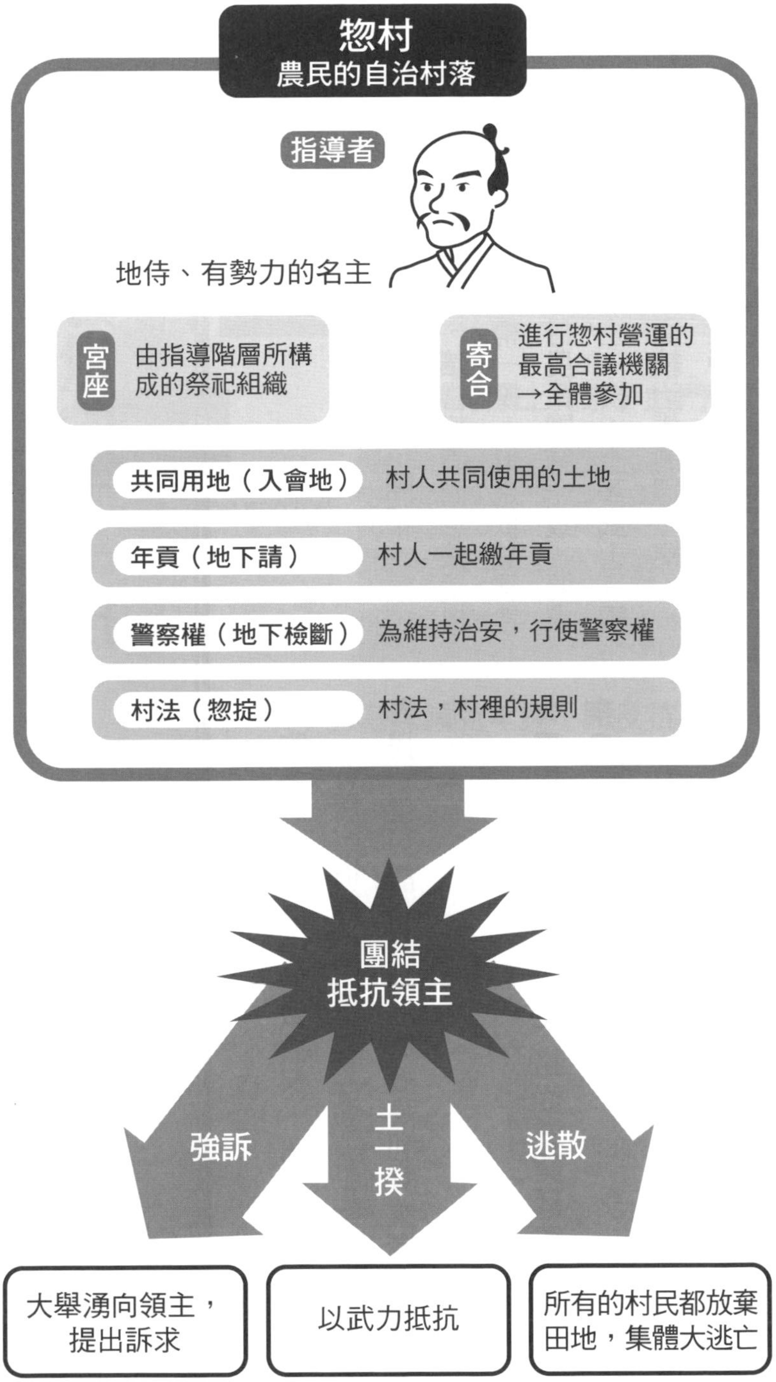
惣村
農民的自治村落
指導者
地侍、有勢力的名主
宮座
由指導階層所構成的祭祀組織
寄合
進行惣村營運的最高合議機關
→全體參加
共同用地（入會地）
村人共同使用的土地
年貢（地下請）
村人一起繳年貢
警察權（地下檢斷）
為維持治安，行使警察權
村法（惣掟）
村法，村裡的規則
團結
抵抗領主
強訴
土一揆
逃散
大舉湧向領主，提出訴求
以武力抵抗
所有的村民都放棄田地，集體大逃亡

History Tips 村法規定「任意攀折入會地的樹枝者，罰金一百文」、「拾獲他人東西，不能占為己有，不能偷田裡的農作」等。許多條款和村人的生活都有密切的關係。

倭寇的盧山真面目

來自日本，襲擊中國、朝鮮的掠奪集團，即為倭寇。倭寇的主要成員為生計艱苦的九州居民。

室町幕府因為倭寇變得富裕？

倭寇這兩個字是「倭」和「寇」的合成語。「倭」指的是日本人，而「寇」指的是大舉來襲的賊。所以十四世紀，朝鮮和中國沿海都市的人，就稱從日本駕船，前來掠奪的日本海賊為「倭寇」。

倭寇的規模有大有小，其中甚至有率領著四、五百艘船、帶領著上千士兵的強大集團。這些集團來自海上，登陸之後即開始掠奪米穀、搶人劫財。被擄去的人不是當奴隸，就是被賣掉。高麗（即後來的朝鮮）及明朝的政府，曾派遣軍隊試著討伐這些海寇，但是由於海寇出沒不定，很難預測，所以討伐難收成效。所以，明朝即央託室町幕府的將軍足利義滿取締倭寇，代價是允許日本和明朝之間進行國際貿易交流。雖然日本和明朝的貿易是採朝貢（日本向明朝稱臣）的方式，但是利潤豐厚，所以義滿同意明朝的要求，嚴格取締倭寇。

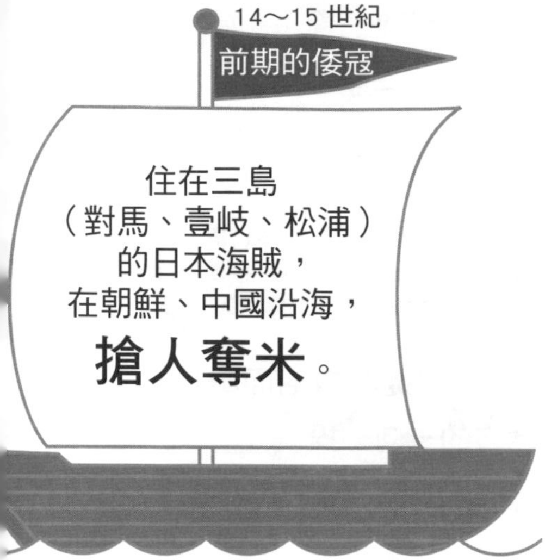
14～15 世紀
前期的倭寇
住在三島
（對馬、壹岐、松浦）
的日本海賊，
在朝鮮、中國沿海，
搶人奪米。

倭寇的活動

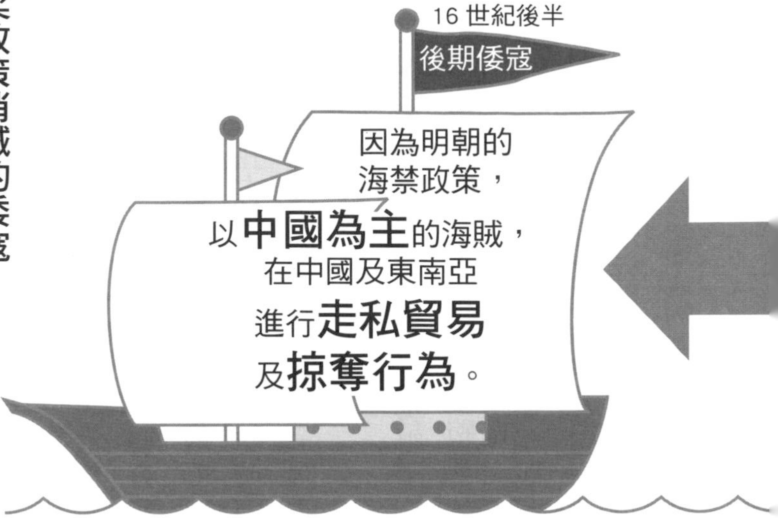
16世紀後半
後期倭寇
因為明朝的
海禁政策，
以中國為主的海賊，
在中國及東南亞
進行走私貿易
及掠奪行為。

被懷柔政策消滅的倭寇

據說這些倭寇，幾乎都是住在九州三島（對馬、壹岐、松浦）的居民。因為三島的土壤不適合農耕，人們平常只好出海打漁、做點小生意以利生計。但是當生活趨於窮困的時候，即轉為海賊，在大陸沿海進行掠奪。朝鮮政府在窮於應付之後，決定雙管齊下，也就是進行鎮壓的同時，也開始採懷柔政策。

所謂懷柔政策，就是對貧困的倭寇進行投降勸說，投降者不但可以過著食衣住無缺的生活，甚至還可因此獲得一官半職。在朝鮮政府的努力之下，大多數的倭寇都投降了朝鮮，少數的反抗者遭到武力的壓制之後，也逐漸被消滅了。

進行走私貿易的後期倭寇

但是到了十六世紀半，倭寇再次出沒。他們掠奪活動的範圍較之前更廣，甚至到了東南亞的各個島嶼。歷史上稱他們為後期倭寇。他們和前期倭寇最大的不同點是，除了劫人掠財之外，還進行走私貿易，而且構成的人員也不同，之前是日本海賊，這次多半都是中國人。不過不少大集團的頭目，例如王直[*57]都把據點設在九州的平戶、五島等地，而非在中國本土。

一五二七年，明朝放寬了原本嚴厲取締走私貿易的法律尺度，但是一五八八年，豐臣秀吉頒布海賊禁止令後，嚴格取締倭寇，因此倭寇逐漸消失。

History Tips 日本和明朝之間進口的商品以銅錢、生絲、硫磺為主。船隻停泊的費用，全由對方收取，所以這是一種利潤極為豐厚的貿易。

納入日本版圖的獨立國家琉球

原為獨立王國的琉球，在十七世紀的時候，被併入日本的政治體系中。

擁有獨立文化的琉球

《隋書‧東夷傳》中記載：「六〇七年，隋煬帝派使節到琉球，但語言完全無法溝通。」這是琉球第一次出現於歷史文獻的記載中。據說次年由於琉球不願臣服於隋朝，煬帝一氣之下燒了琉球的宮殿，並擄走了三千名琉球人。當時的琉球人以漁撈及採果為生，到了西元十世紀，開始種植稻作，產生貧富差距，同時在各地也出現了稱為「按司」的首長。各按司爭相築城，開始武力鬥爭。

到了十四世紀，按司的鬥爭促成了琉球的統合，沖繩本島分成北山、中山、南山三大勢力，相互對立，這就是三山分立時代，三山分立時代持續了約一百年。中山左敷有一漁夫之子，名叫尚巴志[*58]，他採購了大量的鐵，製成農具後發給農民。一四〇六年，尚巴志得農民之助，消滅了行苛政的中山王武寧。一四一六年，尚巴志再除去北山王，一四二九年討伐南山王，終於平定了全島。中國明朝賜予「尚」姓，承認尚巴志擁有統治琉球的權利，琉球王朝於是誕生了。

時代	年	事件
室町時代	1429年	●中山王尚巴志統一琉球（沖繩）
戰國時代	1470年	●尚圓發動非武裝政變，建立第二次的尚王統。
戰國時代	1490年～	●尚真確立中央集權 ●轉口貿易興盛
江戶‧明治時代	1609年	●被島津氏所統治
江戶‧明治時代	1872年	●成為琉球藩
江戶‧明治時代	1879年	●尚泰交出首里城，琉球成為沖繩縣。（琉球處分）

三山分立之後的琉球史

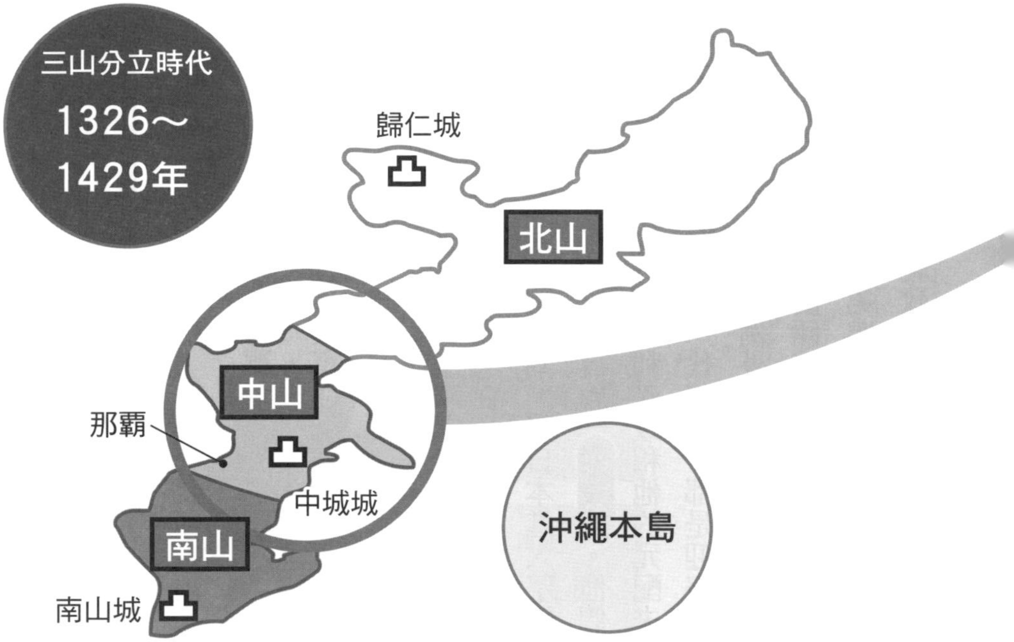

從十四世紀到十六世紀，因轉口貿易而繁榮

但是承繼尚巴志血脈的王統，到了一四七〇年，尚德因實行暴政，被農民金丸以非法武裝政變打倒之後，便告終結。金丸掌握實權之後，自稱尚圓，建立了第二次的尚王統。此一王朝在尚圓的兒子尚真的時代，達到最高峰。尚真藉著和國外的頻繁貿易，引導王朝走向繁榮。

易言之，尚真非常積極派遣船隻到中國明朝、朝鮮、日本、東南亞，和各國進行貿易上的交流。同時，各國的船隻也以那霸港做為轉口港而停泊在此。據說當時每一艘外國船來了一趟那霸後都是滿載而歸。但是轉口貿易的繁榮景象，隨著歐洲船隻到了亞洲，即宣告萎縮。一六〇九年，琉球王國受制於薩摩島津氏的武力的壓榨長年無法翻身。明治維新之後的一八七二年，沖繩本島成了鹿兒島縣管轄的琉球藩，一八七九年，明治政府派遣軍隊和警官隊到沖繩島，要以武力為靠山的琉球王尚泰交出首里城，並消滅琉球王國，設置沖繩縣，並將之納入日本的疆域版圖。

History Tips 有一傳聞說，在保元之亂中兵敗而遭流放到伊豆大島的源為朝，後來到了琉球，和大里按司的女兒結了婚，他們所生的孩子即繼承為王。

茶是從「鬥茶」發展而來的

因為「藥效」而普及流傳的茶，後來達到藝術的境界而深受世人喜愛。

「賭」助於茶道的傳播

我們視為養生情趣的品茶，是九世紀由遣唐使自中國帶入日本國內的，當時一部份的貴族視品茶為風潮，但是隨著遣唐使的廢除，這股風潮也式微了。後來，讓茶真正普及的是臨濟宗的開山鼻祖榮西（十二世紀）。據說榮西在肥前（長崎）栽種茶葉，並將茶葉獻給源實朝，讓源實朝的病體得以痊癒，此後茶具醫學療效的說法不脛而走，上流階層的人士於是愛上了品茶，並視茶為仙藥。當時的掮尾（京都）、平戶（長崎縣北部）、博多、鎌倉等地，都是茶葉的栽種區域。

到了南北朝，武士們盛行茶的集會。在集會上，武士們以猜茶的品種、產地、品質等下注，賭金之大有時令人咋舌，這就是「鬥茶」。對於這種賭茶活動，政府曾經禁止，但是成效不彰，所以鬥茶之風一直到室町時代前期，都歷久不衰。此一時代，品茶的階層迅速向四周延伸，在城市裡甚至可以看到一杯一錢的平民化茶店。

品茶融合了禪之後，茶道誕生

但是，今天我們所講的茶道原型「喝茶」，其創始人是村田珠光。[*59] 十五世紀後半，村田珠光在品茶中融合了禪的精神，人們才開始在經過規劃的四坪半茶室中，靜靜的喝著茶，讓品茶走入了風雅的境界。武野紹鷗[*60]繼承了這股風雅之風，進一步以「閑寂、幽雅」古色古香的簡樸之美為理念，明確建立了茶禪一致的「侘茶」。[*61]

茶的歷史

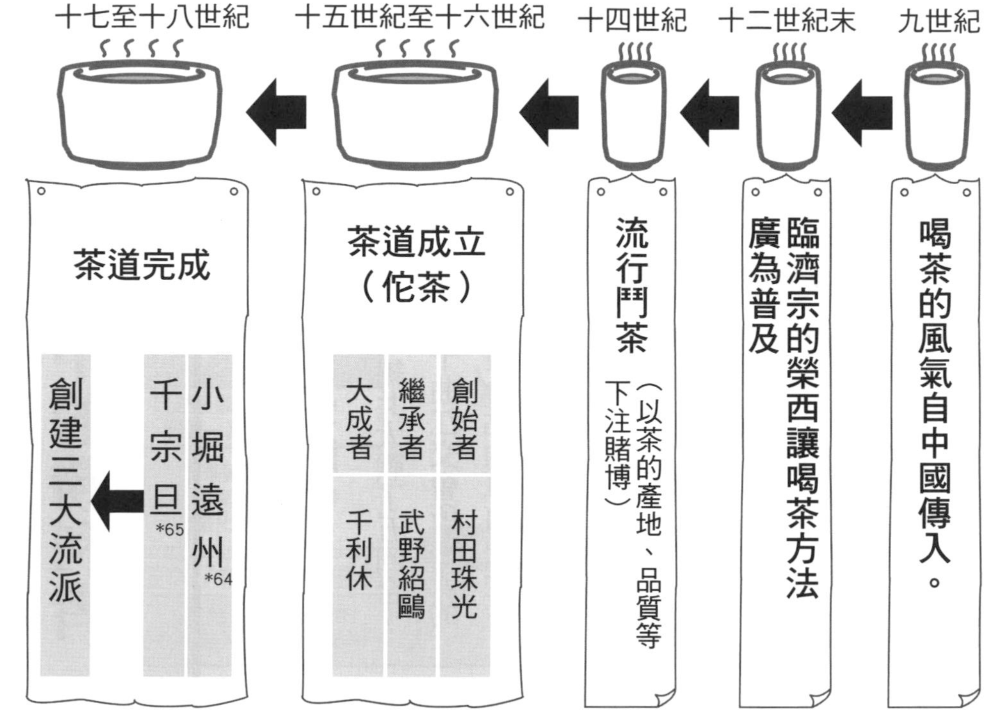
九世紀
喝茶的風氣自中國傳入。
十二世紀末
臨濟宗的榮西讓喝茶方法廣為普及
十四世紀
流行鬥茶
（以茶的產地、品質等下注賭博）
十五世紀至十六世紀
茶道成立（侘茶）
創始者 村田珠光
繼承者 武野紹鷗
大成者 千利休
十七至十八世紀
茶道完成
小堀遠州*64
千宗旦*65
創建三大流派

於是喝茶開始在富商之間廣為流傳，不久之後，連戰國大名也熱衷此道。得天下的織田信長、豐臣秀吉對茶道亦相當執著，各大名更是爭相延攬茶道師傅（茶頭）、收集高價茶具、闢建茶室。如信長的重臣瀧川一益*62，渴望主君賞賜名茶、名壺的武將更不在少數。由珠光、紹鷗所傳下來的「侘茶」，因戰國時代後期登場的千利休*63而更上一層樓，精益求精之後集之大成。

利休深受秀吉的寵愛，有天下第一茶匠之稱。據說利休所說的話具有絕對的權威，所以許多茶器的價格，都是藉由利休的鑑定而決定的。但是秀吉黃金茶室的奢華，和利休所要的閑靜、幽雅逐漸背道而馳，最後甚至演變成對立的局面，在一五九一年，利休在秀吉的強迫下自殺。但是利休的精神，被其弟子及其子孫代代相傳而得以延續。到了江戶時代，更在喝茶文化中融入了儒家的思想，並將喝茶視為藝術，提昇至茶道的地位。

History Tips 由於擁有名茶茶器的風潮高漲，戰國大名在豐臣秀吉出兵朝鮮的時候，即爭相俘虜朝鮮的陶藝工匠帶回日本，製造有名的茶器。

軍師們真正的工作

軍師是大將最好的參謀，適時給予大將最好的建議。不過戰國時代軍師的職務卻略有不同。

★軍師真的是未卜先知嗎？

提到戰國時代的軍師，近年來不論是小說或是戲劇，都將他們視為英雄，甚至比戰國武將更受歡迎。所以我想在此針對軍師的職能真相，做一說明。如果有人認為軍師的工作，就是在會戰的時候，擔任大將的參謀，或者是輔佐大將，其實未必是正確的。當然，他們也得做這一類的工作。但是戰國大名之所以用雇用他們為軍師，最主要是把他們當做算卦先生。對戰國大名來說，最重要的就是和敵人作戰時能夠每仗告捷。因此為了求得勝利，他們必須留意所有的芝麻小事。例如避開不吉祥的事物、戰鬥的禁忌，選擇戰鬥最佳時日、方位、運氣等等。但是要將數不清的民間信仰都記在腦海裡，根本是不可能的。在這種情形下，就必須雇用擁有這方面專業知識的人。而這些人就是軍師。所以戰國時代的軍師，許多都是出身於精通民間信仰、易經之學的禪僧、陰陽師或修行者。

★舉行儀式、鼓舞士氣，是軍師最主要的工作

軍師最主要的工作就是擔任各種儀式的主宰官，例如舉行出陣式、凱旋典禮、統一「首實檢」等等。所謂「首實檢」，就是將取得的首級呈給大將過目。所以對於首級門面的化妝方法、首級牌子的寫法、放首級台子的尺寸、材質等等，都有詳細的規則。連將首級呈給大將過目，也有一定的禮法。

「先以兩手拿著敵人的首級，將首級切口放在

指頭上，兩手大姆指插入該首級的左右耳內，讓首級的臉部可以朝著正前方，再將整個首級移向右手腋下，捧到主君面前，呈上首級，當主君看過首級的右臉之後，再下移捧在左手腋下，靜靜退場。」整個儀式非常繁瑣，所以首實檢從頭到尾，都得在軍師的指導下進行。

軍師的工作

①司掌有關戰鬥的各種儀式，例如出陣式、首實檢、凱旋典禮等等。
②占卜作戰運勢，預測勝機。
③戰鬥時，給予主君戰略上或戰術上的建議。
④平時傳授主君兵法。

〈大名的軍師們〉

豐臣秀吉 ——竹中半兵衛[*67]、黑田官兵衛[*68]
武田信玄 ——山本勘助
石田三成[*69] ——島左近[*70]
毛利輝元[*71] ——小早川隆景[*72]
上杉景勝[*73] ——直江兼續[*74]
伊達政宗[*75] ——片倉小十郎[*76]

諸多軍師當中，的確也有不少人物通曉兵法，對於戰術也能給予大將適時的建議，但是執行與否，最後還是得看大將的意思。一般來說，大將最期待軍師做的，還是鼓舞軍方的士氣。為此，軍師會先卜卦以偵測風、雲、鳥及敵人的動向，提昇士兵的勇氣。因此敵我大會戰時，也就是軍師大展身手，發揮真正本事的時候。

所以戰國時代的軍師，事實上和一般歷史上所描繪的軍師形象，是有天壤之別的。

History Tips
政治家、企業家在做重大決策時，往往都會求助於占卜師、宗教大師等，換個角度來說，這些人也就是現代的軍師。

COLUMN

武田信玄寫情書的對象？

東大的史料編纂所裡有一封甲斐（現山梨縣）戰國大名，人稱稀世名將武田信玄所寫的情書。更令人驚訝的是，這封信是寫給春日源助（1527—1578）的。情書的內容概要如下：

「彌七郎的確數度向我求歡，但是我都假裝肚子痛，什麼事也沒做。我說的都是實話，他沒有一次得逞過。我只愛你一個人，沒想到卻換來你的猜疑。請你相信我！我向所有的神發誓，我對你是一片真心！」

武田信玄會寫這種信，實在很難令人置信，但是這是史實。只是如果大家因此而認為信玄是男同性戀者，那可就錯了。至少武田信玄身邊有五位妻妾，而且還生了七男六女。

對中世紀的人而言，男性愛上男性並不是什麼稀奇的事，尤其是戰國的一些武將，他們在出征期間，由於身邊沒有女性做伴，所以常會讓身邊的少年取代女性的地位，例如織田信長和森蘭丸*79之間的關係，就是眾所周知的。

武田信玄這封信的收件人春日源助，在當時也只是不過是個十幾歲的少年郎，在他身邊擔任侍童。後來更名為高坂彈正昌信，成了大將。在一五六一年（永祿四年）的川中島大決戰中相當活躍。他就是詳細記載武田信玄一言一行的《甲陽軍鑑》的作者。易言之，他之所以著書謳歌武田信玄，讓他成為名人，是因為他是武田信玄的愛人。

第
4
章

日本統一與太平的時代

歷經戰國時代到江戶幕府

近代10大要聞

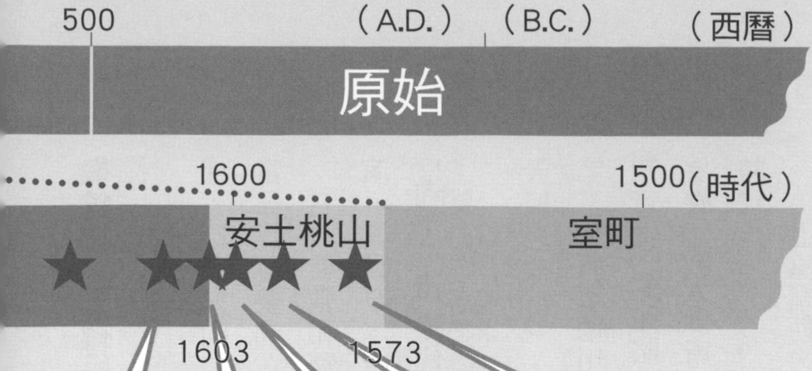

本能寺之變（1582）

織田信長在京都本能寺遭家臣明智光秀[*7]所殺，統一天下的大業因而受挫。享年四十九歲。

天下統一（1590）

豐臣秀吉滅了小田原的北条氏，平定關東，同年征服東北地方，統一日本。

關原之戰（1600）

德川家康和石田三成在美濃關原進行一場瓜分天下的會戰，結果家康打倒三成確立霸權，豐臣家淪為大名。

開設江戶幕府（1603）

德川家康受朝廷任命為征夷大將軍，在江戶開設幕府。此後，德川幕府持續了二百六十年。

大阪夏之陣（1615）

德川家康攻打大阪城[*8]的豐臣秀賴[*9]，滅了豐臣家。

島原之亂（1637）

基督教徒天草四郎率數萬農民在九州叛變。此後，幕府即嚴格取締天主教，並把葡萄牙人驅逐出境，完成鎖國政策。

赤穗事件（1702）

大石良雄等四十七位赤穗浪人（義士）為報主君之仇，闖入吉良邸第，殺了吉良上野介義央。

享保改革（1719～）

第八代將軍德川吉宗[*10]，企圖重建陷入財政危機中的幕府，因而頒行「相對解決令」[*11]、「上米制」[*12]、「目安箱」[*13]及儉約令等。

寬政改革（1787～）

老中松平定信[*14]在田沼政治之後，為重建幕府而緊縮財政。頒行棄捐令[*15]、寬政異學之禁[*16]，設人足寄場[*17]。

天保改革（1841～）

老中水野忠邦[*18]意圖恢復幕府的權威。頒行上[*19]知令[*19]、人返法[*20]、解散株仲間[*21]。

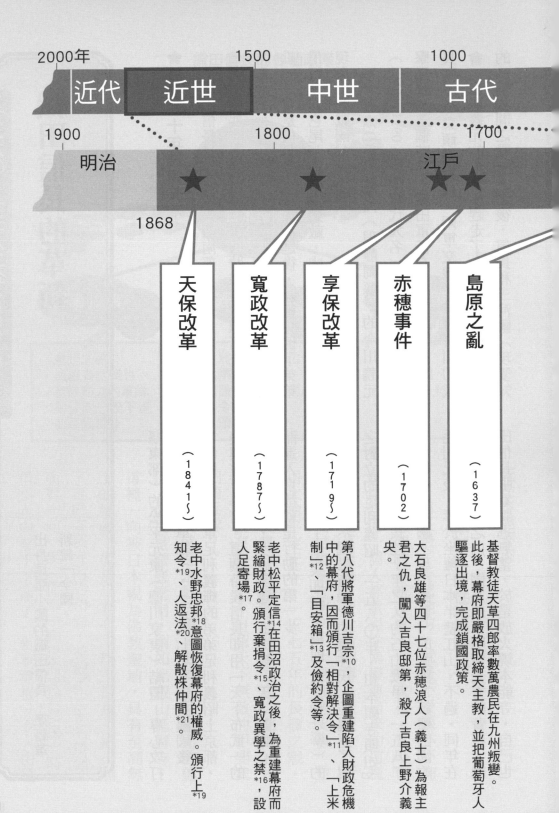

一點就可以反應信長前衛的個性，一點都不迷信神罰或佛教因果輪迴報應。

再其次就是軍事組織，當時大半部隊的兵士都是農夫。所以兩軍要進行會戰時，大都選在農閒時期。但是信長以傭兵為主組織軍隊，這種做法大幅提高了部隊的機動能力。

最後就是信長的理性精神。只要是不能用的人，就算身居重臣，信長也會毫不留情、非常理性地處置。例如家臣林通勝、佐久間信盛（1527—1581，織田信長的要臣），在石山戰役後，即遭放逐。據說，明智光秀就是畏懼信長的冷酷才謀反背叛的。

History Tips 據說信長最喜歡嘗鮮，他第一次看見黑人覺得非常有趣，即收為家臣，還經常帶著他在身邊到處遊走。

豐臣秀吉在短期內統一日本的原因

秀吉在織田信長死後短短的八年即統一天下。為什麼秀吉能夠成就此一大業呢？

短短八年統一了日本

短短的八年——這就是豐臣秀吉平定日本所花的時間。

一五八二年，信長死於本能寺的那一瞬間，織田帝國瓦解了。這個時候，豐臣秀吉正在西國（中國地方）和毛利氏打得如火如荼。當秀吉得知此事，立刻封鎖主君已死的消息，向毛利氏示好，馬上以迅雷不及掩耳的速度返回京都，在山崎打倒明智光秀，為信長復仇。此一行動就發生在信長死後短短十天之後。秀吉的果決及行動的快速，讓秀吉成了信長理所當然的接班人。

次年，秀吉在賤岳大破織田家的元老柴田勝家[*26]，並趁勝追擊，一舉攻下攻入柴田氏的根據地越前，消滅了柴田氏。

此後，秀吉平定天下的大業，即如下頁圖所示，一路勢如破竹過關斬將。

秀吉的寬大提早統一了天下？

而秀吉統一天下的大業之所以能夠一路順利進展，和秀吉對待敵人的寬容，有非常密切的關係。

對於戰敗的敵將，秀吉既不殺他們，也不沒收他們的領地，只將他們納入自己的體系中。這種做法正好和信長形成強烈對比。所以秀吉後來才沒有因部下背離，而使平定天下的大業受挫。甚至對最後僅剩的小田原北条氏直[*27]，秀吉不但留他活口，還給他一萬石奉祿，讓北条氏的家名得以延續。

秀吉是尾張國愛知郡中村一位農夫之子，少年

一五四九～一八七三年◆基督教的軌跡

走過三百年忍耐之路的基督徒

於十六世紀中葉傳入日本的基督教數度遭禁，到了明治時代，終於獲得認可。

一五四九年以後，傳教士陸續來到日本

法蘭西斯科．哈維亞（Francisco Xavier, 1506—1552，西班牙基督教傳教士）是基督教會中耶穌會創始人之一。他在印度的麻六甲（Malacca）認識了日本人彌次郎（生卒年不詳，第一個成為基督教徒的日本鹿兒島人），深深被彌次郎的聰明所感動，於是決定到日本傳教。

一五四九年，哈維亞從鹿兒島上岸，開始在山口、堺、京都布道傳教，待了二年三個月後，才離開日本。雖然被他感化入教的人不滿一千人，但是從此之後，其他的傳教士即陸續前來日本，教徒因而急速增加。

尤其是在九州，甚至有的大名也成了基督徒。只不過他們大多都是衝著南蠻貿易的利潤而信教的。因為當時只有南蠻的船才可以進入被公認可以傳教的領地。

信長的時代是基督教最盛的時期，信長之所以認可基督教，是想藉基督教打壓佛教的勢力，所以在京都、安土都可以看到教堂的影子。

開始禁止基督教

到了一五八七年，平定九州的豐臣秀吉突然下達驅逐基督教傳教士的命令。理由眾說紛紜，例如：秀吉擔心教徒會團結形成另外一種力量、加上長崎地方捐錢給教會，所以秀吉大怒、秀吉聽說有傳教士把日本人當奴隸賣到國外等等。不過在獎勵南蠻貿易的情形下，此一逐放令進行得並不徹底。

德川家康在一開始時，也因為重視貿易所帶來的利潤，所以默認基督教的存在。但是一六一二年，他先在直轄地發布禁教令，次年擴展至全國，將高山右近[30]等許多信徒都驅離到國外。家康之所以突然改變態度，是因為才剛進入日本的荷蘭人及英國人。這兩國的人都是新教徒。他們跟日本人做生意是為了壟斷和幕府之間的貿易，所以並不以傳道布教為必要條件，因此灌輸天主教派系的傳教士，進入日本的目的是為了侵略日本。

一六三七年，以基督教徒天草四郎[31]為首的二萬名農民在島原叛變。為鎮壓大傷腦筋的幕府，決定趁這個機會剷除基督教，並完成鎖國制度，於是藉著踏繪[32]、拷問等手段，嚴格強迫教徒改信別的宗教，或者以獎金誘惑密告躲藏的基督教徒，更甚而設連帶責任制度，要人們相互監視。這些政策看起來似乎真的把信徒全都封殺了。但是在一八六五年，當大浦天主教堂在長崎竣工時，浦上村許多人向法國傳教士佩堤簡（Bernard Thadee Petitjean, 1829—1884）坦承自己是基督教徒。這些人竟然忍耐了近三百年的嚴厲鎮壓及搜索，堅守祖先的信仰，真可以說是奇蹟中的奇蹟。

基督教的歷史

時代	年	事件
室町時代	**1549年**	**法蘭西斯科．哈維亞搭船來到九州，開始佈道傳教。**
	1568年	信長到京都，公開認可基督教。這是基督教的黃金時代。
1573 安土桃山時代	**1587年**	**頒布逐放基督教傳教士的命令，秀吉鎮壓基督徒。**
	1596年	二十六位傳教士因聖非利貝號事件[33]在長崎殉教。
1603 江戶時代	**1613年**	**家康頒布禁教令。**
	1614年	將高山右近等許多基督教徒逐放到國外。
	1622年	**在長崎處死五十五名的基督教徒，即「元和大殉教」。**
	1637年	**以基督教徒天草四郎為首的二萬名農民在島原叛變。**
	1640年	幕府設宗門改役，專門取締躲藏的基督徒。
1868 明治時代	1865年	浦上村的信徒（躲藏的基督徒）向傳教士佩堤簡坦承自己的宗教信仰。
	1873年	**明治政府，公開承認基督教。**

History Tips 幕府對於基督教徒不是處以極刑將人倒吊，割傷耳朵，任其失血過多而死，就是進行長時間的殘酷嚴刑拷問，強迫改信別的宗教。

家康應該不能成為將軍？

一五九〇年家康征伐小田原之後，進入江戶。一六〇三年，受封為征夷大將軍設立幕府……

家康應該不能當將軍

一六〇三年，德川家康被朝廷任命為征夷大將軍。但是事實上，家康本來應該沒有資格當征夷大將軍的。因為自源賴朝以來，按照慣例只有姓源的人才具有當將軍的資格。不姓源的豐臣秀吉是室町幕府第十五代將軍足利義昭的養子，他殷切希望登上將軍之位，但是遭到朝廷的拒絕，退而求其次選擇擔任朝廷最高階的關白之職，才得以名正言順統一國家。

家康姓藤原

針對此事，有人認為德川（松平）從家系族譜來說，是來自源氏，應該可以順利當上將軍。其實這是錯的。

在一六〇二年之前，家康一直姓藤原，後來意識到自己他日要任將軍之位，所以就在該年把自己的姓恢復成「源」。說恢復成「源」，大多數的人可能會覺得奇怪，根據家康自己的說法是：「德川家原本就姓源，只是不知道從什麼時候起姓起藤原了！」總之他就是這麼做了。

這時，他還向朝廷提出了自己的血統圖表。不過這份圖表很可能是偽造的。換句話說，家康就任將軍之位有移花接木之嫌。

江戶幕府為防止權力集中而採行的統治系統

在這種情形下誕生的江戶幕府，其統治組織，也就是江府幕府的組織編制，歷經家康、家秀[42]、家光[*43]祖孫三代逐漸完備。此一系統是將家康還是三河國地方豪族時的組織擴大再充實而後完成的，俗稱「庄屋仕立」。[*44]

江戶幕府的職務編制

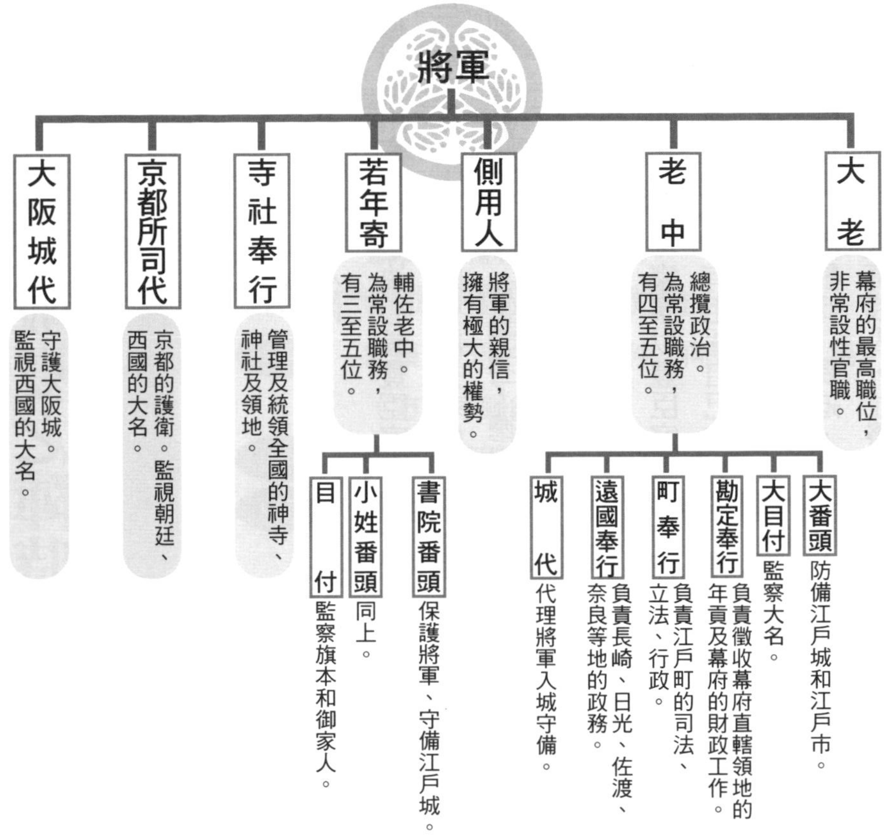
將軍
大老
幕府的最高職位，非常設性官職。
老中
總攬政治。為常設職務，有四至五位。
大番頭
防備江戶城和江戶市。
大目付
監察大名。
勘定奉行
負責徵收幕府直轄領地的年貢及幕府的財政工作。
町奉行
負責江戶町的司法、立法、行政。
遠國奉行
負責長崎、日光、佐渡、奈良等地的政務。
城代
代理將軍入城守備。
側用人
將軍的親信，擁有極大的權勢。
若年寄
輔佐老中。為常設職務，有三至五位。
書院番頭
保護將軍、守備江戶城。
小姓番頭
同上。
目付
監察旗本和御家人。
寺社奉行
管理及統領全國的神寺、神社及領地。
京都所司代
京都的護衛。監視朝廷、西國的大名。
大阪城代
守護大阪城。監視西國的大名。

在這個組織編制中，將軍當然高高在上，位於峰頂，一般的政務則交由「老中」總攬，再固定編制數名「若年寄」輔佐老中。「老中」之上還有一位更高階的「大老」，但是這是官識並非常設職務。這種編制的最大特徵，就是所有的職務都是兩個月輪一次，而且所有政策都採合議的方式決定。這麼做的目的是防止權力集中，使獨裁不易進行。除此之外，此一編制下的監察機關也非常紮實，充滿了軍事編制的色彩。至於職務上的層級，老中及若年寄等直屬將軍，由譜代大名（德川家的家臣大名）擔任，大番役、町奉行、大目付等在老中之下，由老中管理，由旗本任命。親藩（將軍的親戚大名）及外樣大名（在關原之戰之前與家康敵對的大名）則不能參與幕府的政治。

History Tips 德川家康選擇在江戶開設幕府。據說家康在進入江戶之前，這裡是一片只有百戶人家的溼地。

沒有完全鎖國的鎖國制度

有名的日本鎖國制度，事實上並沒有完全與外隔絕。

沒有理由完全與國外隔絕

「鎖國」這兩個字實在不是一個適當的詞句。

在完成鎖國制度的第三代將軍德川家光的時代，事實上並沒有「鎖國」這兩個字。這兩個字第一次出現，是在一八〇一年志筑忠雄翻譯恩格伯特[*46]（Engelbert Kampfen, 1651—1716）所著的《日本誌》時，才使用的。就因為這兩個字，讓人家以為當時的日本和外國斷絕了一切的交流，把整個國家封鎖起來。事實上這是個誤會。因為江戶幕府不但盛行國際交流，還熱中國際貿易。荷蘭、中國、朝鮮、琉球就是其中的大宗國家。尤其從日本出口的銅，不但影響了歐洲的經濟，還讓銅錢成了東南亞洲各國的貨幣，到處流通。據說巴里島（Bali）在昭和初期之前，一直都用這種貨幣。所以日本完全沒有離開國際社會，更沒有和世界經濟脫軌。另一方面，有許多的商品也藉著貿易輸入到日本國內。例如江戶的富商會噴香水、會配戴珊瑚髮簪、會用高腳杯喝酒等，就是最好的證明。到了第八代將軍宗吉當家作主的時代，更鬆綁了許多進口限制，不但譯成漢文的歐洲書籍可以輸入，連波斯馬、越南象、駱駝等珍禽異獸都可以帶入日本。

鎖國是荷蘭人的陰謀

不過，禁止日本人航海到國外，交流國家有限制，卻也是事實。為什麼當時幕府會採取這樣的政策呢？

「事實上，這是荷蘭人的陰謀。」有學者和史

鎖國的過程

1624年 ・禁止西班牙的船隻進入日本。

1633年 ・除了奉書船[*47]之外，禁止日本人渡海遠航。（第一次的鎖國令）

1634年 ・限制日本人和國外往來及通商。（第二次的鎖國令）

1635年 ・禁止日本人航海到國外，也同時禁止已到國外的日本人回國。（第三次的鎖國令）

1637年 島原之亂

1639年 ・禁止葡萄牙的船隻來日本。（最後的鎖國令）

1641年 ・讓荷蘭人移往長崎的「出島」[*48]

鎖國

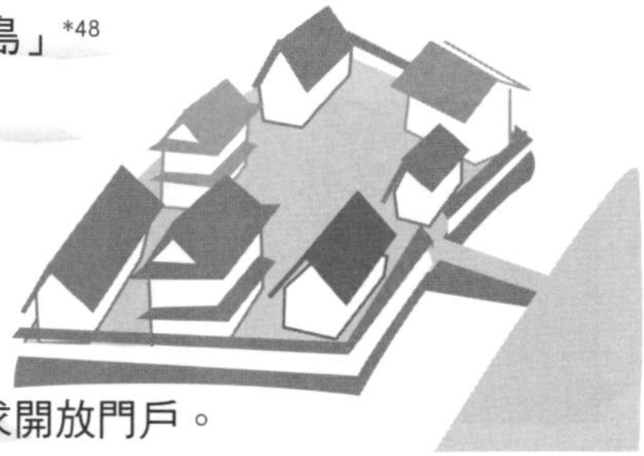

1853年 ・1853年　培理來日本，要求開放門戶。

學家抱持這種看法。

最先造訪日本的歐洲人是葡萄牙及西班牙人。對他們來說，貿易和傳播基督教就是一切。所以幕府會基於貿易的利潤，默認他們做某種程度的布道。但是在他們之後才來到日本的荷蘭人，不但不要求傳教，反而煽風點火要幕府小心恐怖的基督教歪風會吹進幕府之內。因為他們企圖趕走西班牙人及葡萄牙人，以獨占貿易。而他們的策略成功了。一六二四年，不但西班牙的船隻進不了日本，連日本人也不能再遠渡重洋，而各大名對外貿易也遭到禁止。一六三七年，發生島原之亂時，荷蘭人還對幕府的首腦人物進行洗腦，激發他們的危機感。「這些農民之所以有能力反抗，都是因為背地裡有葡萄牙人支援，葡萄牙要日本成為他們的殖民地！」所以幕府才會在一六三九年禁止葡萄牙的船隻再進入日本。此後，荷蘭成了歐洲各國中，唯一能和日本做生意、賺進利潤的國家。荷蘭這種壟斷行為一直持續了二百一十五年之久，直到培理來到日本為止。

History Tips 在將軍吉宗時代來日本的象，是以徒步的方式從長崎走到江戶。一路上大受平民百姓的歡迎，到了江戶之後，還在濱御殿養了十三年。

化的主角則是江戶從事工商業的人。化政文化的作品，除了反映當時腐敗的政治狀況外，還強烈傾向於通俗、享樂及頹廢。著名的畫家有喜多川歌麻呂[*53]、東洲齋寫樂[*54]、葛飾北齋[*55]、歌川廣重[*56]等等。著名的作家則有十返舍一九[*57]、瀧澤馬琴[*58]、與謝蕪村[*59]、小林一茶[*60]等等。此一時期真的是人才輩出，佳作處處。

神祕的浮世繪畫師——寫樂的真面目

對寫樂的來歷眾說紛紜，直到現在仍然沒有答案。不過，最近有些浮光掠影似乎已經浮現了。

只畫了短短十個月的寫樂

江戶時代由於庶民文化興盛，所以產生了許多的繪畫作品。其中最具代表性的就是浮世繪。[*61]日本的浮世繪不但在全世界都享有極高的評價，對於梵谷（Vincent van Gogh, 1853—1890）等十九世紀歐洲的畫家們更是影響深鉅。由菱川師宣在元祿時代所創始的浮世繪，經過鈴木春信[*62]創新，成了色澤鮮艷的錦繪。之後，即有更多的畫家在浮世繪上下工夫。其中有一位，就是被稱為天才，經歷卻像一團謎的浮世繪畫師東洲齋寫樂。東洲齋寫樂和浮世繪全盛時期的喜多川歌麻呂為同一時期的畫師，但是只畫了短短十個月，留下一百四十幅作品後，就忽然消失了。寫樂的作品和歌麻呂一樣，都由江戶最有名的出版商蔦屋重三郎[*63]出版。但是其人卻像謎一樣令人不解。

寫樂十個月的創作，依作畫期間可分為四期：第一期的作品，品質最為頂尖，這是在其它三期看不到的。在第一期的作品中，有一幅用黑雲母所畫的大首繪（浮世繪版畫的一種，只畫演員、美人的上半身），畫中所有的人物都被極戲劇化地變形了。這是寫樂極具劃時代的作品，因為這幅畫完全透視了演員的心理狀態。但是當時的人以「畫的不像」為由，未能理解這幅作品的妙處，讓寫樂無法成為人氣畫家而在須臾間就消失了。

寫樂的作品獲得好評，是從明治時代開始。而且最先對寫樂作品讚不絕口的是外國人士，例如克勞特（J. N. Baudouin de Courtenay, 1845—1929，專

人氣作家也無法只靠寫作維生？

江戶時代誕生了許多作家，但是他們的生活都極為清苦。為了生計，他們該怎麼辦呢？

幾乎都是兼差的作家

江戶時代的小說家們全都過著拮据的日子。例如戀川春町[*66]，就是個草鞋作家。他是正職是駿河小島藩的公職人員，利用公務閒暇之餘執筆寫作，陸陸續續寫了〈金金先生榮華夢〉等暢銷的作品。但是隨著在藩內宮階的提升，一路晉升到留守居役、側用人[*67]時，寫作即因公務繁忙而停滯。那個時候正好是幕府進行寬政改革的時期。有違風俗之嫌的小說都會遭到彈劾，所以春町只好寫些迎合幕府的文章，人氣因而逐漸流失，遠遠不及原本勢均力敵的勁敵朋誠堂喜三二。[*68]後來春町決定一展氣魄，大膽寫出以揶揄武士為主題的《鸚鵡返文武二道》。庶民為這部作品拍手喝采，可是幕府卻命春町出庭應訊。春町有感於自己對藩國的責任，不久之後便自殺了。江戶時代幾乎所有的作家都和春町一樣，無法靠稿費度日，只能兼差寫作。

第一位專業作家誕生

據說，在日本第一位只靠稿費過日子的作家是山東京傳。[*69]他是洒落本（編按：以滑稽筆觸描寫花街柳巷的小說）的作家，作品非常多。不過他也和春町一樣，因為寬政改革而獲罪，被處以五十天的手銬之刑。所謂手銬之刑，顧名思義就是銬著罪犯的雙手，讓罪犯不能執筆。對作家而言，不能寫文章，就是致命的懲罰。另外，寫《春色梅兒譽美》的人情本（編按：描寫江戶庶民戀愛生活的小說）作家為永春水也[*70]因天保改革而被判手銬之刑。因

江戶時代的小說演變

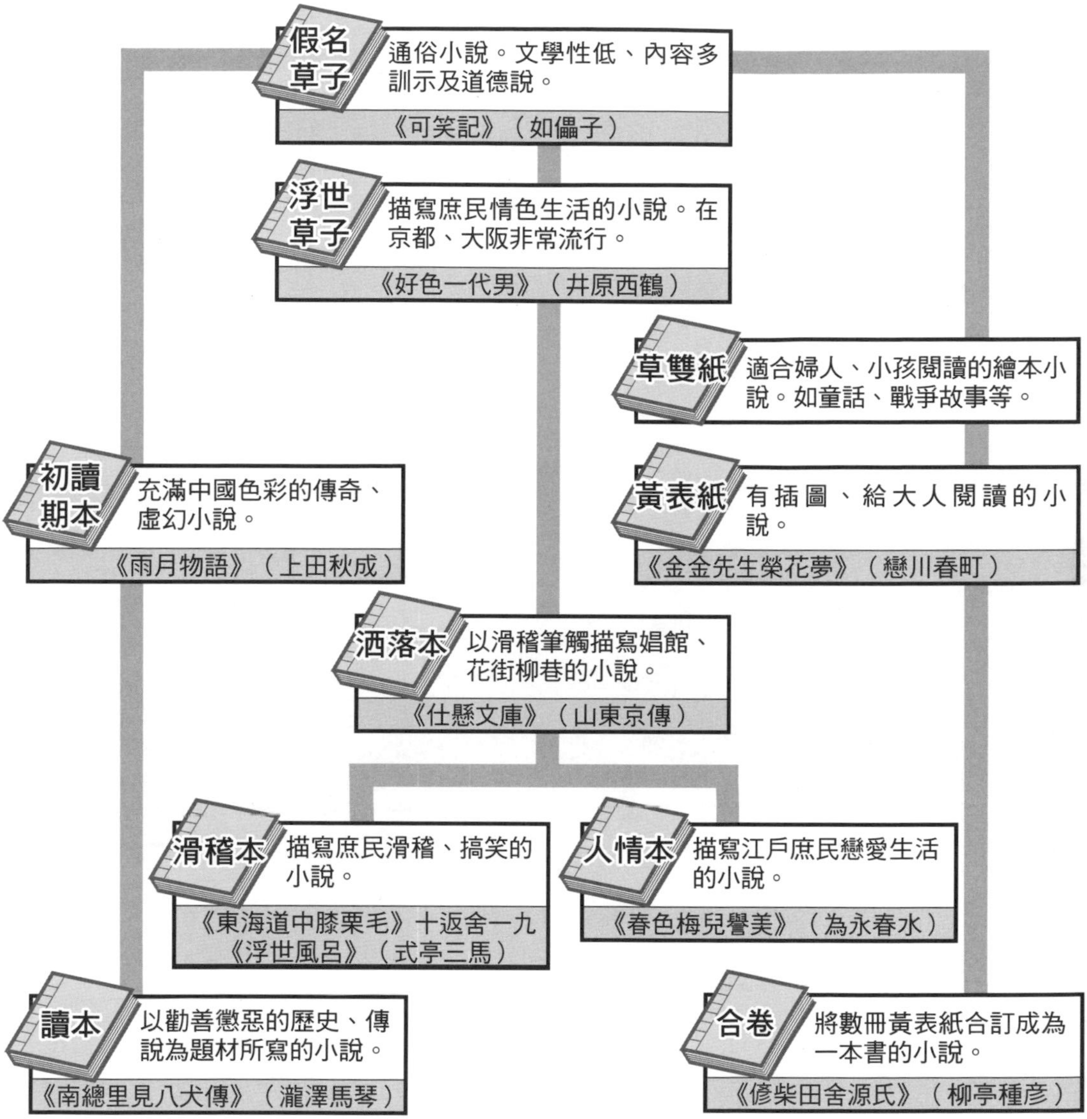
假名草子
通俗小說。文學性低、內容多訓示及道德說。
《可笑記》（如儡子）
浮世草子
描寫庶民情色生活的小說。在京都、大阪非常流行。
《好色一代男》（井原西鶴）
草雙紙
適合婦人、小孩閱讀的繪本小說。如童話、戰爭故事等。
初讀期本
充滿中國色彩的傳奇、虛幻小說。
《雨月物語》（上田秋成）
黃表紙
有插圖、給大人閱讀的小說。
《金金先生榮花夢》（戀川春町）
洒落本
以滑稽筆觸描寫娼館、花街柳巷的小說。
《仕懸文庫》（山東京傳）
滑稽本
描寫庶民滑稽、搞笑的小說。
《東海道中膝栗毛》十返舍一九
《浮世風呂》（式亭三馬）
人情本
描寫江戶庶民戀愛生活的小說。
《春色梅兒譽美》（為永春水）
讀本
以勸善懲惡的歷史、傳說為題材所寫的小說。
《南總里見八犬傳》（瀧澤馬琴）
合卷
將數冊黃表紙合訂成為一本書的小說。
《修柴田舍源氏》（柳亭種彥）

為他無法承受這種打擊，在五十三歲即過世了。瀧澤馬琴也是少數專業作家之一，由於晚年喪子，造成他對生活惶惶不安，除了反常地開生日宴會外，為了金錢，他還賣掉寶貴藏書，甚至為了孫子，從御家人手中買來御家人的資格。雖然御家人的薪俸並不高，但是如果孫子能夠成為武士，至少有固定的收入。對瀧澤來說，這一點或許就具備了無限的魅力。雖然瀧澤是撰寫《南總里見八犬傳》的大作家，但是在江戶時代，作家的地位並不高，生活也不安定。從古觀今，現代的專職作家好像也只有數百人，生活狀況或許也和江戶時代的作家沒兩樣。

History Tips

《南總里見八犬傳》是瀧澤馬琴畢生的心血結晶，因為他總共花了二十八年的間才完成。以四百字的原稿來換算，他總共寫了6400張稿紙。

波動劇烈的幕府財政

初期的武斷政治，到了中期之後，因為儒教之故，而逐漸改變。理由為何？

★到第三代將軍為止，德川幕府都推行強勢的武斷政治

一六〇三年，從德川家康在江戶開設幕府，到第三代將軍家光當家這段時間，幕府均以強大的軍事力量為靠山，進行強勢高壓政治。這種政治形態即為武斷政治，大名、旗本等，只要稍不留心，就會被處以改易（沒收領地）、減封（削減領地）、轉封（變換領地）。據聞當時因此而失去主家、失去薪俸的落魄人即多達四十萬人。結果這些不滿的落魄人在一六五一年，掀起了「由井正雪之亂」（顛覆幕府計劃）。

★從第四代將軍起，藉儒教行文治政治

第四代將軍家綱（1641—1680）有鑑於由井正雪之亂的教訓，將幕府政治的形態由獨裁政治轉換為文治政治。文治政治以儒教的德治主義為基礎，教化人心，進而維持社會秩序。因此，家綱對於各大名採取了和緩的政策，例如廢除人質陋規、承認沒有子嗣的大名在臨終前所認養的養子等等。此後，幕府即一直採行文治政治，直到幕府滅亡為止。其中最有名的就是「正德之治」（新井白石[*71]的政治）。白石是第六代將軍家宣（1662—1712）、第七代家繼（1709—1716）的侍講（老師）。兩位將軍在白石的輔佐之下，以儒教為基礎，展開各種政策。結果因為流於理想主義、形式主義，無法應對現實問題，導致社會一片混亂而告終結。

軍家慶的治世初期（一八四一至一八四三），進行「天保改革」。為了匡正社會亂象，水野發布儉約令，禁止庶民穿華服、吃高級料理、禁用各種奢侈品，並派間諜混入大街大巷，監視庶民的舉動，讓城鎮一片冷清死寂。另外，水野還解散株仲間，統制在自己家鄉經商的商人，壓抑商業發展，發出「人返法」，強迫農民回到自己的家鄉，回歸農本體制。這種有勇無謀的復古政策，當然不可能成功。一八四三年，水野頒布上知令（以江戶、大阪大里處為幕府的直轄地），更遭到大名、幕府家臣團強力反對，而失去立足之地。以農本主義為原則的江戶幕府體制，在商業資本主義之前，除了屈膝臣服外，毫無應對方法。

COLUMN

第三代將軍家光的生父是德川家康、生母是春日局？

家光是第二代將軍秀忠的嫡長子。但是秀忠偏愛次子忠長，準備廢掉家光嫡長子的身份地位。這個時候，家光的奶娘春日局[*72]，直接越級上告到駿府家康處，讓家光當上了第三代將軍。這是一段非常有名的歷史故事。（參見第二二九頁）

家光為了表達感謝之意，還讓春日局統領大奧，並賜予從二位[*73]的身份地位。另外，家光在政治上碰到問題時，還常常徵詢春日局的意見。在歷代將軍的奶娘中，從來沒有一位像春日局這麼有權勢。因此，有一說認為「家光的生母其實就是春日局，而生父則是德川家康。」關於這一點，其實是有據可考的。

在《稻葉系圖御家系典》一書中，就記載著春日局懷了將軍的孩子。另外在《松之繁榮》古文書中也提到「竹千代（家光）為春日局所生」。家光非常尊敬家康，而且還自稱是第二代將軍。家光的生母小督，是在生下初姬的九個月後，接著又生下家光。對於這一點，不少人抱持著懷疑的態度。

家康對於寡婦，一向有著特別的情懷，像春日局這麼聰慧的熟女，自然是他最喜歡的類型，所以他們之間有床第關係，並不奇怪。所以春日局為了將軍的繼承問題，可以未經第二代將軍秀忠的同意，直接越權上訴到家康那兒，也同樣不足為奇。

家光的長子家綱，因家光過世，年僅十一繼將軍之位，要親自管理政務自不可能，因此幕府的政治由老臣們以集體協議的方式運作。長大成人後的家綱體弱多病，政治仍交由老臣們繼續主導。由於家綱沒有嫡生的兒子，即由弟弟綱吉繼任第五代的將軍。

綱吉繼位之後，親自管理政務，陸續嚴懲不良大名、不正代官（掌管幕府直轄地行政的地方官）、肅清政風、創新政策。可是到了治世的後半期，因為深信占卜所言「無子嗣後繼，是因生於戌年（狗年），卻不愛狗。」而頒布極端偏激的愛護令「動物憐憫令」，整苦了一般庶民。

江戶幕府十五代將軍的嬗遞

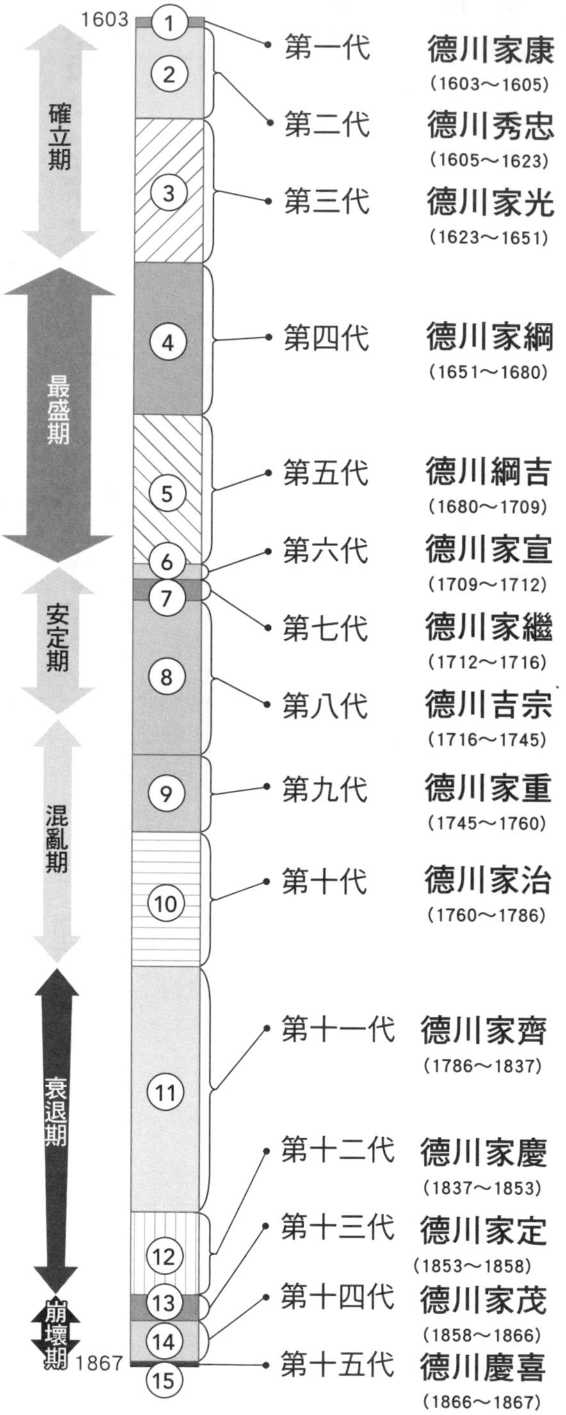

History Tips

據說家光只對男性感興趣，奶娘春日局對此非常擔心，於是安排神似少男的少女陪伴家光，成功轉移家光的注意力，讓家光開始關心女性。

名君家宣和作風獨特的將軍吉宗

一六〇三～一八六七年◆德川幕府十五代將軍群像②

江戶時代的中期，有行善政的將軍，也有世態混亂的時候。

承，成為江戶幕府的第七代將軍，不過他在八歲那年過世，德川宗家的血脈，至此斷絕，幕府從御三家[*76]中的紀州家，選出了吉宗擔任第八代的將軍。

幕府的中興英雄吉宗

吉宗因享保改革，而被譽為中興英主。他和其它將軍最大不同點就是，他不關心貴族們一般所做的學問，只熱中實用性的學問。吉宗不但學習天文學、曆學、法學，甚至還親自調查雨量、預測洪水。此外，他還學習西洋馬術、讓部下學習荷蘭語、從國外引進大象等等。據說，吉宗身高一百八十二公分，體格健碩、皮膚黝黑，只要他一站出來，即能威鎮眾人。第九代將軍家重，卻正好和父親吉宗相反，他生來愚昧、體弱多病、縱情酒色、整天沉膩

行善政的名君家宣

德川家宣是家光三子綱重的兒子，也是甲府城主。由於第五代將軍綱吉沒有可繼位的兒子，所以家宣到了四十八歲才當上第六代將軍。

家宣上任，首先即廢除「動物憐憫令」，撤去巨型的狗屋，並放了被飼養的鳥獸。庶民們為了表達對家宣這項措施的感謝之意，大街小巷盡是讚美他的文章。另外，家宣任用新井白石行善政的同時，也讓庶民參觀將軍的隊伍，並刻意索取批評政治的文章，藉以自省和警惕。

家宣死時，嫡系的兒子家繼才四歲，他說：「幼君難以治天下！」有意將軍之位禪讓給尾張家的德川吉通，家宣果真是個明君。雖然最後還是由家繼繼

水戶黃門的驚人形象

透過電視劇為大家所熟悉的黃門翁，其實是個講究高格調的時髦大叔。

美男子水戶黃門

提到德川御三家，大家想到的第一個人，想必是水戶家的水戶黃門（德川光國）吧！

在電影《水戶黃門漫遊記》及電視劇中，水戶黃門給大家的形象是，舉世無雙的副將軍、弱者永遠的好朋友。其實他真正的形象和我們一般的認知是完全不同的。「皮膚白皙、個子高䠷……（中略）、鼻梁高挺（中略）年輕時是世上罕見的美男子。」（《桃源遺事》）這段記載把光國描繪的像個美男子。但是在史料中的光國，卻是個喜歡在隅田川遊船、愛好歌舞伎、經常出入聲色場所、酷愛杯中物、甚至醉到不知回家之路。

光國有一名叫「巴」、住在吉原的紅粉知己。

事實上，光國的酒友鍋島元武（肥前小城藩主）就

御三卿

第八代將軍吉宗，為了將將軍之職傳給和自己有直系血源的子孫，在一七三一年至一七五九年之間，讓自己的孩子及孫子獨立，分別創設了以下三家：

家	創建人	人物
田安家	創建人：次男宗武	松平定信（宗武之子） 德川家第十六代主君德川家達（田安慶賴的三男）
一橋家	創建人：四男宗尹	第十一代將軍家齊 第十五代將軍慶喜（由水戶家過繼到將軍家的養子）
清水家	創建人：孫子重好	德川昭武（慶喜的弟弟）

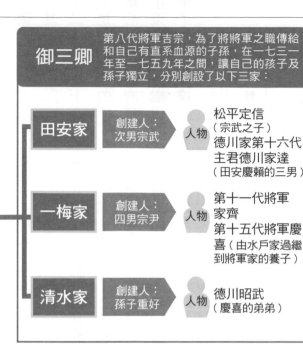

曾留書簡挖苦光國說：「你的女人很寂寞，快到吉原去露個臉吧！」

這種形象的水戶黃門，比起人模人樣，滿嘴仁義道德的水戶黃門，似乎更多了一份親切感。

御三家和御三卿的關係

御三家

輔佐將軍家，當德川宗家無人可以繼承將軍之位時，便過繼給將軍當養子，以便將來繼承將軍職位。關原之戰後，家康讓自己的三個兒子獨立，創設了如下的三家大名：

家	創建人	說明
尾張家 61 萬石	創建人：九男義直	●在御三家中，為將軍職位候選的第一順位。所以地位最高。 ●將軍吉宗的競敵德川宗春就出身於尾張家。 ●結果沒有一位將軍是出身於尾張家。
紀伊家 55 萬石	創建人：十男賴宣	●第八代將軍吉宗、第十四代將軍家茂皆出身於紀伊家。 ●在明治維新中保持中立，面臨存亡危機。 ●搶在明治政府之前，率先導入徵兵制度。
水戶家 35 萬石	創建人：十一男賴房	●在御三家中，地位最低，藩主常常住在江戶。 ●以水戶黃門而享盛名的德川光國、人稱烈公的德川齊昭皆出身於水戶家。 ●編纂大日本史 ●第十五代將軍慶喜出身水戶家。

家臣中真的有黑人嗎？

光國對外國的文化也非常感興趣。不但專程從國外買來阿蘭陀茄子（蕃茄）、雅加達柑橘的果樹讓農民栽種，同時還派家臣筑間玄沭到長崎學習荷蘭醫學。另外，他還邀請中國的知識分子到自己的領地，並親近朝鮮使節彼此交流。最有趣的是，他不知道從哪兒弄來了一位黑人，並提拔為家臣。屬於光國這一系家族的人，世代都為水戶家服務，直到幕府末期。一六八八年，光國成功地和愛奴人達成交易，進口熊、海獺、海獅等的毛皮，可見光國的眼光，是放眼世界的。

一六九〇年，光國把家督之位（戶主）讓給養子綱條，開始過著隱居的日子。其實他這麼做是有原因的。因為他患有痔瘡，出血嚴重，在殿上一不留神，血就會流出來，所以不得不引退。

看到這裡，讀者對黃門水戶既有的形象，可能會完全崩盤吧！

History Tips 水戶黃門總是被形容成一個到處旅行並且懲奸除惡的英雄，事實上除了往返江戶和水戶之外，他不曾出家門旅行過。

江戶時代為什麼盛行復仇？

幕府也獎勵復仇。復仇成功者，可一躍成為民眾心目中的英雄。

復仇起自於同性戀

所謂「復仇」，指的是主君或近親被殺時，家臣或族人為報仇而殺了對方。江戶時代的復仇，起自男同性戀。岡山藩主池田忠雄所寵愛的侍童渡邊源太夫，被同樣是岡山藩的藩士河合又五郎所殺。原因是又五郎向源太夫求愛，源太夫冷漠以對。愛人慘遭殺害，池田侯一怒之下，命源太夫的哥哥數馬收拾又五郎。又五郎於是亡命天涯，得到某位旗本的包庇隱藏。數馬在義兄荒木又右衛門的協助下，打探出了又五郎的落腳之處，遂在伊賀上野的花火店前的十字路口埋伏等待，成功完成了復仇的任務。這就是發生於一六三四年十一月七日，在說唱故事中甚有名的「花火店十字路口之復仇」。

環繞著英雄又右衛門打轉的傳聞真相

在參與復仇行動前的，又右衛門原是大和郡山藩的劍術指導。大和郡山藩當然希望被譽稱為勇士的又右衛門能夠回到大和郡山藩。但是池田藩（此時已由岡山轉封到鳥取）則希望為藩主報仇雪恨的又右衛門能夠隨數馬一起到池田藩。於是兩藩國開始為爭取這兩個人而相持不下。數馬和又右衛門因此被留置在事件發生地藤堂藩長達四年之久。

最後幕府將指揮大權交給了池田藩。在藤堂藩二百六十名、池田藩一百六十名士兵的重重戒備下，終於在伏見完成了兩人的引渡工程。

但是又右衛門到了鳥取才兩個星期就突然去世了。因此又右衛門自殺說、被迫切腹說、遭毒殺說等各種說法甚囂塵上。即使到了現在，各種憶測仍然不減而無法確認。

但是最耐人尋味的卻是生存一說。有人認為這是池田藩為了要讓大和郡山藩對又右衛門徹底死心，而故意放出又右衛門已死的消息，事實上又右衛門是被池田藩密藏在領地之內。

事實上，在又右衛門死後，池田藩還專程把又右衛門的妻子接到鳥取給予薪俸。這可是非比尋常的禮遇。

幕府獎勵復仇

中國的《周禮》、《禮記》等古書上，規定家臣、親族有為主公報仇的義務。

↓

江戶幕府從儒教道德的觀點獎勵復仇。

↓

花火店十字路之復仇（1634年）	岡山藩士渡邊數馬，在伊賀國的上野，殺了殺弟仇人河合又五郎。
淨瑠璃之復仇（1672年）	奧平源八在夏目外記等人的協助下，殺仇人奧平隼人等人。
赤穗浪人之襲擊復仇（1702年）	大石內藏助等四十七位赤穗浪人，為報主君之仇，襲擊吉良上野介。
護持院原（地名，在江戶神田橋外）之復仇（1848年）	山本里代在山本九郎右衛門的協助下，打倒殺父仇人龜藏。

（赤穗浪人之襲擊復仇）庶民對義士的行動極為狂熱 → 此後連庶民之間都開始流行復仇 → 復仇行動被視為江戶時代快報的號外，復仇者更一躍而為英雄，成為歌舞戲曲中的主角。

↓

一八七三年，明治政府頒布「復仇禁止令」

History Tips

最有名的復仇事件，就是赤穗浪人（義士）闖入吉良邸第復仇的行動。其實幕府極有可能在事前就察知此事而刻意默許的。

在御家騷動中最有名的「黑田騷動」內幕

莫非御家騷動就是大名在絕對君主化的過程中，所發生的家臣叛變？

大名家內部糾紛不斷

所謂「御家騷動」是指各大名家中所發生的對立或爭執等，未被掩蓋而公諸於世的事件。

「黑田騷動」、「伊達騷動」、「加賀騷動」並稱為「日本三大御家騷動」。「黑田騷動」是發生於江戶時代初期的一六三二年，福岡藩的家老栗山大膳向幕府密告「我家主君有謀反之嫌」。家臣向幕府密告實屬非比尋常，可見事情真的非同小可。到底為什麼會發生這種事情呢？根據大街小巷的傳聞，福岡藩的藩主黑田忠之是一位愚昧的暴君，他鄙視歷代重臣、行側近政治（讓身邊的近侍管理政務），私生活奢侈無度，把藩國的財政搞得烏煙瘴氣。家老栗山屢屢勸說，可是黑田忠之總是不聽。栗山一氣之下，才挺而走險向幕府告狀。

為什麼這場騷動能夠平安落幕？

將軍家光（第三代將軍）查明了事情的真相後，於次年將藩主忠之和家老栗山都叫到江戶，在幕府閣員的見證下，讓兩人展開口舌對決。結果，沒有證據顯示忠之有謀反意圖，因此忠之被判無罪，領地也安然無恙。而誣告主君的栗山，也只被判交由盛岡藩監禁代管，並在其有生之年，負責給付一百五十個人的薪俸。此事落幕之後，有人認為栗山之所以會這麼做，其實是為了公開消除主君忠之和幕府之間的嫌隙所演的一場戲。

御家騷動

日本3大御家騷動

黑田騷動（1624～33）	和福岡藩藩主黑田忠之對立的家老栗山，向幕府密告「忠之有謀反之嫌」。幕府調查之後，判忠之無罪，栗山交付盛岡藩監禁。
伊達騷動（1660～71）	仙台藩藩主伊達綱宗因為行為不端引退，由兩歲的龜千代繼位。同門的伊達宗盛和原田甲斐即趁藩主極力衰退之際，企圖奪取藩國所引發的事件。
加賀騷動（1745～54）	金澤藩的藩主前田吉德死後，其寵臣大槻傳藏及吉德的側室阿貞被處罰的事件。

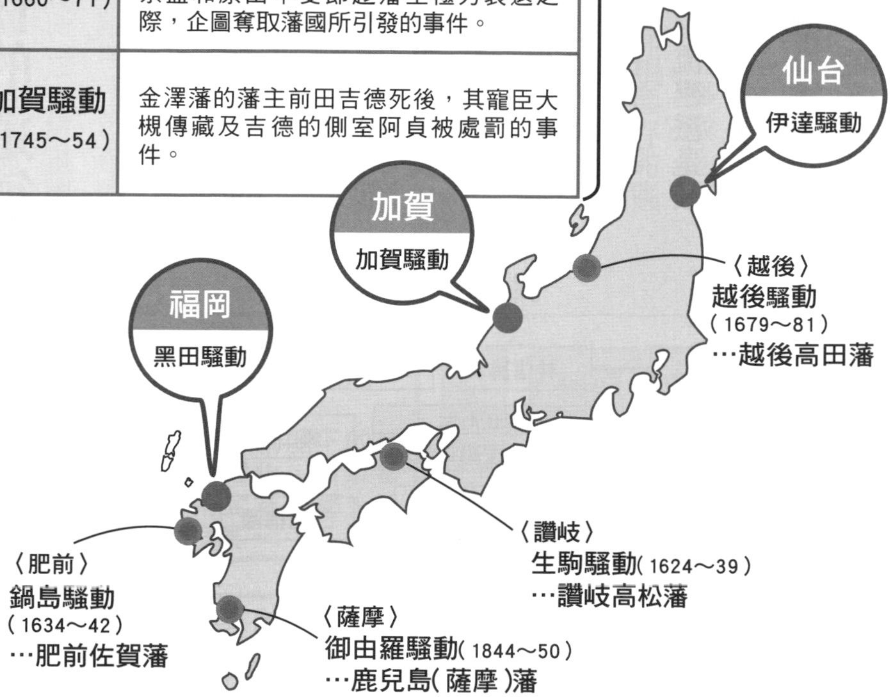

✿反叛藩主才是造成御家騷動的主因

事實上，這種推論是錯的。這場騷動其實是栗山等重臣，為阻止藩主強化自己的權限而引發的事件。

在將軍家光當家的時代，正好是幕藩體制的確定期，所以各個藩國都努力打壓在戰國時代非常強勢的重臣，並營造藩主位於頂點的金字塔型組織。

易言之，黑田騷動只不過是藩主在絕對君主化的過程中，和重臣們之間所發生的一樁傾軋事件。騷動結束後不久，井上主馬等重臣無法忍受忠之的治藩策略而一一掛冠求去，就是最好的證明。

History Tips 據說高尾太夫因為目睹伊達綱宗的不端行為，而被吊起斬首。事實上這是個誤傳，高尾太夫是伊達綱宗的側室，而且安享天年壽終正寢。

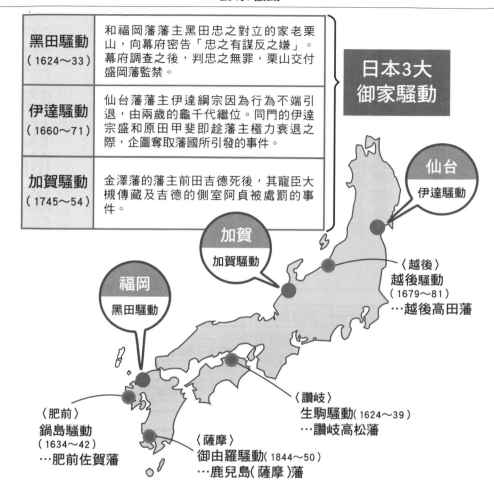

明學的是中江藤樹。許多人崇拜他，敬他為近江聖人，他有許多得意的門生，熊澤蕃山即為其中一人。蕃山為岡山藩主池田光政所擢用。但是他在自己的著書《大學或問》中，批評幕府政治，認為武士應該長住在某一個地方，結果被幽禁在下總國古河。事實上，由井正雪就是受了蕃山的影響而反叛的（參見第二二一頁）。陽明學派中有不少具有反體制思想的人，例如大鹽平八郎、佐久間象山、吉田松陰等。幕府末年的志士中，也有不少人是信奉陽明學的。

古學講究古書原著主義

朱子學、陽明學無法滿足所求，直接學習孔、孟學說的學派為古學派。古學派又分為山鹿素行的聖學派、伊藤仁齋的堀川學派、荻生徂徠的古文辭學派。山鹿素行因為譴責朱子學而被流放到赤穗，後來為赤穗的淺野家效命。

History Tips

據說堀川學派的伊藤仁齋生性古板，當妓女拉著他的衣袖進入花街時，他先感謝對方的親切後，然後喝杯茶就回去了。

出現於江戶中期的新「日本學問」

研究日本古典、帶點國粹主義色彩的學問，就是「國學」。國學對明治維新的影響極大。

打造國學的四位日本人

「國學」就是藉研究日本的古典、古代史，確認儒教、佛教未進入日本之前的日本人固有的精神，以究明日本獨有思想（古道，古代學問、政治等道理）的學問。

國學的先驅始於江戶中期。但是成就這門學問的是，被譽為國學四大人的荷田春滿、賀茂真淵、本居宣長、平田篤胤。讓國學成為一門學問的是荷田春滿。身為京都伏見神社神官的荷田，認為必須確認日本人自古以來的精神，所以獎勵人們研究古語、古典作品，並到江戶吸收門生，傳授研究的方法。據說荷田曾經到吉良上野介家中授過課。事實上他和大石內藏助是好朋友，荷田授完課後，即把吉良宅第的情形告訴赤穗浪人，積極協助他們進行襲擊行動。

荷田的弟子賀茂真淵，是濱松神官之子，後成為濱松宿脅本陣（位於靜岡縣松濱市的預備驛站）梅谷家的養子兼女婿。但他只顧著研究國學疏於家業，養父因此打算與他斷絕父子關係，但是賀茂的妻子認為日後夫婿必為名人，懇請父親讓賀茂繼續專研學問。在賢內助的大力協助下，賀茂果然成為一位國學者，並受將軍吉宗的兒子田安宗武所拔擢。賀茂真淵讚美古人有一顆「高潔樸直的心」，倡導社會回歸古道。

伊勢國松阪小兒科醫生本居宣長，認識賀茂真淵後深受感化，即拜他為師，潛心研究國學，歷經三十幾個寒暑，終於完成四十四卷的《古事記傳》。

蘭學是從翻譯入門

和現代學問有最直接關係的蘭學，始自於鎖國時代學者四年的辛苦翻譯。

蘭學的出發點

如果我們手邊有一本文字看不懂、頁數多達二百五十頁的外國書籍，在沒有任何辭典可以輔助的情形下進行翻譯，你估計需要多少作業時間？生於鎖國時代的杉田玄白[*84]和數名伙伴共同作業，總共花了整整四年時間。玄白等人所挑戰的這本書，就是以荷蘭語所編寫的醫學解剖書，書名為《Tafel Anatomie》，後譯為《解體新書》。[*85]我國的醫學技術之所以能夠迅速發展，就是因為有了這部譯著，而這本書的譯著也同時開啟了日本蘭學（後稱洋學）普及的契機。所以此書的翻譯具有絕對的劃時代意義。不過，此書的翻譯工程浩大，困難重重。玄白之所以想要翻譯這部醫書，是因為在骨原（小塚原）做人體解剖時，發現躺在自己前面的這個人，和手中這本《Tafel Anatomie》上的解析圖完全一致。玄白等人在驚訝之餘，即決定著手翻譯《Tafel Anatomie》。「此事如無槳之船，在茫茫大海中，隨洋流而漂，拖著疲憊的船身，尋找棲身的港灣。」（摘自《蘭學事始》）。

看得懂的只有一部分的插圖

他們從插圖開始著手。玄白等人都是醫生，所以他們可以先比對內臟及各器官的名稱。他們把譯好的內臟及器官名稱，全數崁入書中之後，再讓懂得荷蘭語的前野良澤[*86]，把看得懂的荷蘭語單字翻譯成日文，幾個人就這樣正式著手翻譯。剛開始的時候，曾經有一天從早到晚，就只翻了一句「所謂

蘭學的發展

開始

將軍吉宗獎勵實用學問。（農學、地理學等，即為實用學問）

★吉宗允許漢譯的洋書進入日本，並命野呂元丈及青木昆陽，研究荷蘭語。

發展

1774年 《解體新書》出版

★前野良澤、杉田玄白等人，翻譯荷蘭醫學書籍。

◆平賀源內嘗試製作摩擦起電器。(1776)

◆大槻玄澤出版蘭學的入門書《蘭學階梯》。(1788)

◆稻村三伯出版蘭和辭書《HALMA合解》。(1796)

◆志筑忠雄在《曆象新書》中，介紹地心萬有引力及地球繞著太陽運轉的學說。(1802)

◆高橋景保建議幕府開設蠻書和解御用(洋書翻譯所)。(1811)

◆杉田玄白出版《蘭學事始》。(1815)

◆伊能忠敬完成日本第一幅全國測量圖《大日本沿海輿地圖》。(1821)

普及

1824年 吉波路得開設鳴瀧藝（在長崎）

◆宇田川榕庵發行日本第一部化學書籍《舍密開宗》。(1837)

◆緒方洪庵在大阪教授洋學，並開設「適塾」(蘭學塾)。(1838)

洋學

眉毛就是指生於眼睛上方的毛髮。」因此有人覺得翻譯此書，根本是愚蠢的行為，所以選擇脫隊。儘管如此，玄白還是不放棄，繼續翻譯。後來翻譯作業逐漸有了進展。一年後，每天至少可以翻譯十行左右。大家為此興奮的不得了，還自掏腰包大肆慶祝，就像要舉行盛大的祭典，甚至有人在慶祝的前一晚還反覆不能成眠。恐怕只有體驗過個中艱難滋味的人，才能感受到這份喜悅吧！

玄白把譯好的內容，帶回家中一一複查，凝神細思寫成文章。經過十一次重潤，《解體新書》終於在一七七四年出版了。

History Tips 試著製作摩擦發電器裝置（elecircity）的平賀源內，因為一點小爭執誤殺了人而鋃鐺入獄，被關進了小傳馬町的牢房，後來即死在獄中，享年５２歲。

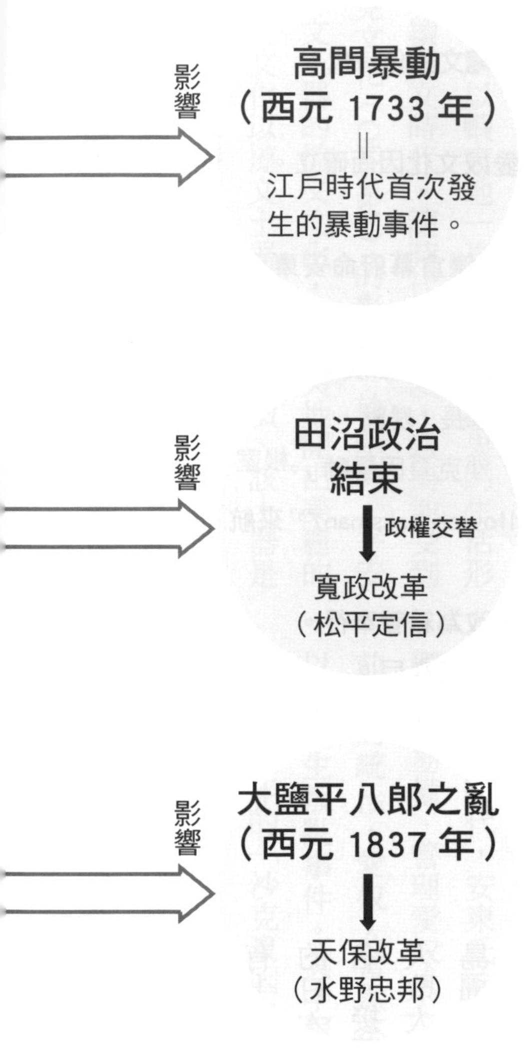

一七八二～一七八七年◆天明大饑荒

連屍體都吃？東北地區的悲慘情景

由於作物歉收與火山爆發引起的極端氣候，使日本面臨了史無前例的大饑荒。然而，這場饑荒其實也包含了人為的因素。

饑荒始於淺間山的噴發

西元一七八三年夏天，有好幾具散發著惡臭，沒有頭和四肢的人類屍體沿著利根川往下漂流到江戶大川（現今的隅田川）的岸邊。這些屍體是淺間山噴發的受害者。據估計，受害者的人數超過兩萬人，損失相當慘重。因為火山爆發，江戶的城鎮上也堆積了超過三公分以上的火山灰。

關東和東北地區的天空被淺間山噴出

江戶三大饑荒

享保大饑荒（1732年）

原因：久雨不停和害蟲（浮塵子等）
範圍：主要集中於西日本
受害：餓死、病死人數……1萬2千人

天明大饑荒（1782～87年）

原因：久雨不停、淺間山噴發造成的極端氣候
範圍：主要集中於關東至東北地區
受害：餓死、病死人數……13萬至20萬人

天保大饑荒（1833～39年）

原因：洪水、冷害
範圍：日本全國
受害：餓死、病死人數……20萬至30萬人

的煙霧和火山灰所壟罩，導致日照時間大幅縮短，氣溫也異常下降。東北地區的作物從前一年就開始歉收，火山爆發使作物生長的情況更加惡劣，小麥腐爛、稻子沒有結出稻穗直接枯萎。人民於是陷入作物嚴重欠收的情況，一場前持續多年、所未有的饑荒席捲了關東、東北地區，史稱為「天明大饑荒」，直到西元一七八七年才逐漸好轉。

其中，仙台藩、弘前藩和盛岡藩的受災情況尤其嚴重。人們在吃光米穀後，由於過於飢餓開始啃食雜草和樹根來果腹，就連珍貴的家畜也不放過。隨著飢餓感進一步的加劇，甚至還會偷偷地挖出墳墓裡的屍體來充飢。

而且據說當人們連屍體都吃完後，還前往襲擊、使勁抓住尚有氣息的病人和手無縛雞之力的小孩，整個情景宛如地獄變相圖。

History Tips 佐野政言最後受命切腹謝罪，遺體埋葬在淺草德本寺。但人們依然繼續稱頌他，到其墓前參拜的人潮絡繹不絕。

天明大饑荒也包括人禍的因素！

不過，在東北地區處於如此惡劣的情況下時，有一個藩卻未出現任何餓死的人。這個藩就是由松平定信作為藩主的白河藩。因為松平定信在第一時間就制定好農民救濟對策，例如配給米穀和金錢、設立救災設施以及禁制囤積米穀等。

與此相反，其他東北各藩卻默許商人和地主囤米，遲遲不肯出售的行為。據說還有惡劣的藩將米運到江戶販售，想趁米價高漲時大撈一筆。

等到這些藩主對於藩內饑荒造成的慘狀感到訝異，想要擬定對策時，早已經來不及。這些藩的人口因為農民餓死或逃往他國而遽減，廣大的田地也因此荒廢，最後蒙受了嚴重的損失。換言之，天明大饑荒既是天災，也是人禍。

田沼政治也是受到憎恨的對象

即便如此，江戶時代的人們卻認為，天災持續不斷是因為當時國家治理不善。而天明時代正是田沼意次的全盛時期。

「都是因為田沼的賄賂政治才會引起饑荒！」，這樣的聲浪日漸高漲。隔年西元一七八四年，佐野政言因為個人恩怨刺殺田沼意次的兒子田沼意知，人民對此拍手叫好，尊稱佐野政言為「改革社會大神明」，並強烈地渴望田沼意次下臺。

結果在發生刺殺事件後，田沼的勢力快速衰退，最終走向下臺一途。所以也可以說是因為天明大饑荒才促使政權交替。而且，取代田沼意次掌握政權的人是，在天明大饑荒實施善政的白河藩主松平定信。

叛亂遭到鎮壓後，平八郎的鬼魂仍出現在日本全國各地

大鹽平八郎直到幕末一直活在人們的心中。為什麼大鹽平八郎如此受到人民愛戴呢？

✿著手救濟困苦人民的大鹽平八郎

從西元一八三三年開始的幾年間，日本陷入全國性的作物歉收，人民因此飽受煎熬。這就是歷史上的「天保大饑荒」。

就連被譽為「天下廚房」的大阪地區也不例外，米價暴漲，物價也隨之上漲。貧民中不斷出現有人餓死或投海自殺的情況。前大阪町奉行與力，陽明學者大鹽平八郎看到這種情景後，無法坐視不管，屢次向町奉行的跡部山城守上呈貧民救濟對策。對此，跡部良弼以越權行為為由恫嚇大鹽平八郎，而且不但沒有救濟困苦的人民，甚至還做出聽從幕閣的命令，將上方的米都運送到江戶的行為。

於是，大鹽平八郎為了救助貧民在西元一八三七年二月十九日起義，殺死既無能又冷酷無情的町奉行所的官員，並對中飽私囊的富商進行牽制。當時，大鹽平八郎將出售藏書的錢分給貧民，號召大家一起參與起義。他們在市區發射大炮，並隨意投擲焙烙火矢（類似現今的手榴彈），使大阪陷入一片火海。但叛亂僅維持一天就遭到鎮壓。四十天後，大鹽平八郎在藏身處被幕府的官員包圍，遂放火自殺。

✿希望大鹽平八郎活著的民眾

然而不久之後，坊間開始出現「大鹽平八郎沒死，他還活著」的傳聞。

據說是因為大鹽平八郎的遺體被燒毀，無法辨別其容貌，從而產生了他還活著的謠言。照理說大

COLUMN

勝海舟的待人接物，激發弟子發揮才能

「我已拜在天下無雙的兵學大師勝麟太郎（海舟）門下。[*88]師尊非常疼愛我，待我如上賓。所以我現在非常驕傲地寫信向妳報告！」

這是坂本龍馬[*89]寫給姐姐的信，他在信中以天真的口吻稱讚勝海舟是「天下無雙」的大人物，並且很得意的向姐姐報告，勝海舟對待自己這位浪人劍客猶如貴客。

其實這就是勝的教育方針。

「就算自己成就非凡，在面對這些年輕小輩時，也絕不能視他們為黃口孺子，讓他們永居下風。」

「指導後進青年，絕對不能妄自尊大、趾高氣揚，以免讓他們覺得自己很卑微。」（《冰川清話》）

有一回勝對帶著十名弟子拜訪佐久間象山。[*90]象山見勝穿著和隨從一樣的粗布衣，即勸他說：「身任重職的人和隨從穿一樣的衣服，是對工作的褻瀆。」

勝當下即反駁：「師尊輕忽了我帶來的這些人，他日或許他們的成就個個都超越您，所以我視他們為兄弟，他們絕不是我的隨從。」

有此良師，焉有才能無法發揮的弟子！

第
5
章

近代化的日本

從明治維新到太平洋戰爭

急速近代化之後先步向毀滅，再走向復興

培理見識到日本人的敏感反應

在十九世紀的這一百年裡，整個亞洲可以說是一片混亂。因為經過產業革命洗禮的歐洲列強諸國，為了尋求殖民，竟然像海嘯一般湧向亞洲，當然日本也不例外。

因為限制子民和國外進行交流，江戶幕府才得以安安穩穩統治日本，讓日本人民渡過了將近二百五十年渾渾噩噩的日子。不過也因為如此，日本的國民完全不知道世界的情勢，並時常產生錯覺，以為小小的日本島國就是整個世界。直到培理駕著象徵近代的巨型蒸氣船來到了日本，敲斷了早已腐朽的門鎖，這才撬開日本的大門。

看到這種突發的狀況，每個人都嚇得目瞪口呆。但是，就在下一刻，土生土長的日本人，身體馬上產生排斥作用，於是如何體內排除異物的免疫系統開始產生作用，幕府發起激昂的尊王攘夷運動，採取緊急應變措施，但是全然無效，讓人民對幕府失去了信心。因此培理來航之後十五年，江戶幕府就結束了。

OUTLINE

歷經急速的近代化、毀滅，再走向奇蹟式的復興

「日本就要變成列強的殖民地了！」

新誕生的明治政府，在強烈的危機感驅動下，以極快的速度推動日本的近代化。在數十年的時間裡，以憲法為首，整頓各種制度，並在中日和日俄戰爭中打了勝仗，躋身進入亞洲強國。不過，這兩場勝仗卻誤導了日本後來的前進方向。

進入大正時代之後，日本政府雖然朝著民主邁進，卻因為軍部的抬頭，讓日本蛻變成一個超級軍國主義國家。此時的日本竟然抱著「大東亞共榮圈」幻想，意圖雄距一方，讓自己陷入一場沒有勝算的美日戰爭，最後終就是失敗了。

戰後，在美國的主導下，日本以非軍事的民主國家角色，走向再生之路。日本靠著勤勉的國民天性、精湛的技術能力，積極拓展出口貿易，從一九五〇年韓戰爆發，為日本經濟帶來了因特殊需求而產生的好景氣，連續二十年都維持了奇蹟式的高度經濟成長，成為世界屈指可數的富裕強國之一。

近代 10 大要聞

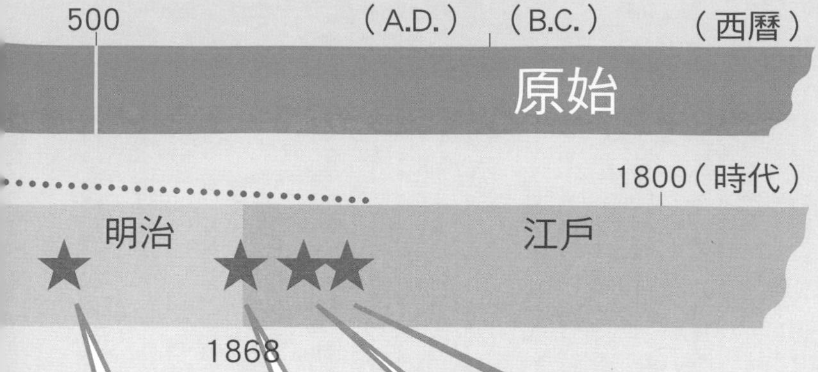

培理來航（1853）

在培理的強行要求下，江戶幕府廢止鎖國政策，次年締結日美和親條約，正式開放門戶。

日美修好通商條約（1858）

大老井伊直弼[*1]（1815—1860，江戶時期的大老）未得天皇的許可，即和美國締結通商條約，因此才誘發了尊王攘夷運動及倒幕運動。

明治維新（1868～）

一八六七年幕府因大政奉還而瓦解，同年軍官在鳥羽及伏見，打敗了幕府軍，接著又在戊辰戰爭中告捷，統一了日本。

頒布大日本帝國憲法（1889）

日本制定憲法，加入近代國家的行列。這部東亞首部成文憲法是欽定憲法，內容中規定了君主立憲制的政府結構與臣民的權利義務。

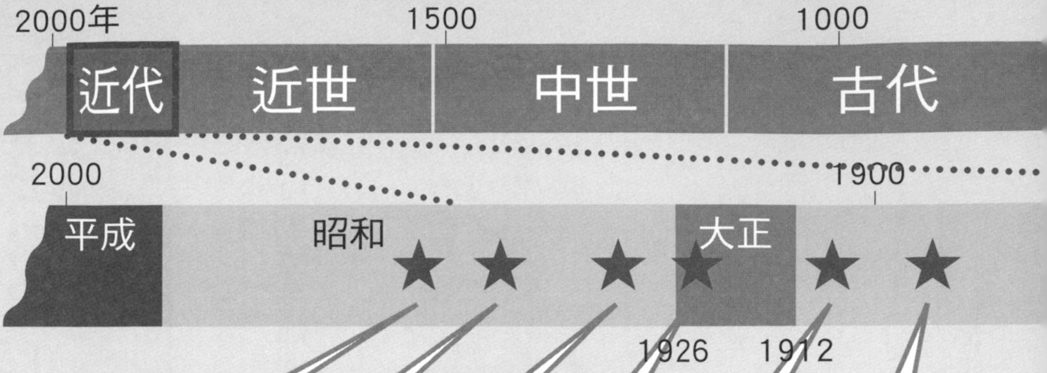

中日甲午戰爭（1894～）

為了爭奪朝鮮半島的主導權，和中國清朝所發生戰爭。勝利的日本，得到了巨額的賠款及租借地。

日俄戰爭（1904～）

因朝鮮半島的問題，日俄從對立走向戰爭。奉天一戰，日本在日本海的海戰中打敗了俄國，但是不但沒有爭取到賠償金，還因而引來民怨，爆發了日比谷燒砸事件。

關東大地震（1923）

首都發生大地震，整個東京幾乎陷於癱瘓。

滿州事變（1931～）

軍部勢力抬頭，日本開始以武力入侵中國東北。次年成立滿州國傀儡政權。一九三七年爆發全面性的中日戰爭。

太平洋戰爭（1941～）

為了突破經濟封鎖，貿然對美（聯合國軍隊）開戰。一九四五年宣布接受波茨坦宣言，無條件投降。

舊金山和平條約（1951）

達到非軍事化、民主化水準的日本，在這一年和西方各國締結此約，回到國際社會。

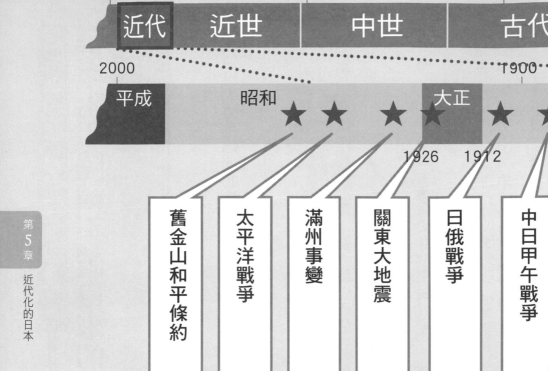

一七九二～一八五三年◆黑船來航

幕府末年陸續不請自來的外國船

無法拒絕各國相繼來日，及培理的強硬態度，幕府終在一八五三年，打開二百一十五年的鎖國大門。

最先來到日本的是鄰近的俄羅斯

十八世紀日本江戶中期，歐國各國發生了產業革命。為了尋找新的市場和殖民地，他們從海上湧向亞洲，當然日本也無法倖免。十八世紀後半期，外國船隻即開始在日本近海出沒。第一個造訪日本的是俄羅斯。一七九二年，女皇凱薩琳二世（Catherine, 1729—1796）的使節拉克斯曼在根室登岸；一八〇四年以遣日全權大使身份來到日本長崎的雷薩諾夫（Nikolai Petrovich Rezanov, 1764—1807）要求與日本通商。幕府以鎖國為理由拒絕。但是一八一一年卻發生了海軍少校可洛烏尼（Vasilii Mikhailovich Golovnin, 1776—1831）擅自在國後島上岸，被幕府官員逮捕的事件。後來受到拿破崙戰爭的影響，俄羅斯的南下政策才告暫停。

莫名其妙強人所難的英國培理

英國的作法和俄羅斯完全不同。一八〇八年，由培理上校（和美國的培理是不同的人）擔任艦長的費頓號（Phaeton）突然闖入長崎，以兩名荷蘭人為人質，要脅在灣內遊航三日後才肯離去。和法國對立的英國之所以這麼做，其實為了要緝捕遭法國合併的荷蘭船。身為長崎奉行（地方首長）為此自盡的松平康英，以示負責。之後，一八一八年戈登（Charles George Gordon, 1833—1885）在浦賀上岸，一八二四年英國船在常陸國大津濱下錨。

疲於奔命的江戶幕府

在這種狀況下，幕府對於外國船隻的對策卻一改再改。一七九一年，明文規定外國船隻任意入港，幕府可扣留船隻進行臨檢。一八〇六年，頒布「撫恤令」，規定碰到漂流船隻，要補給該船薪水，協助其安全返國。但是發生費頓號事件後，幕府的態度轉強，一八二五年發布「異國船打拂令」（以槍炮驅逐外國船）。莫利森號（美國）首先在這一條法令下犧牲。一八三七年，莫利森號以送回日本難民為由，進入江戶港時，遭到浦賀奉行炮轟。而英國在這一年建造了巡洋型的巨型蒸氣船，並加快進入亞洲的速度。在鴉片戰爭中，英國打敗清朝，獲得香港，日本立刻撤廢「打拂令」，發布「薪水給予令」。繼英國之後，三番兩次前來叩關的是美國。因為美國企圖以日本做為捕鯨船的燃料補給站。一八四六年，幕府雖然拒絕了畢迪歐（James Biddle, 1783—1848）開放門戶的要求，卻阻擋不了態度強硬的培理提督。一八五三年，日本終於打開了閉關自守二百一十五年的大門。

外國船頻頻到日本

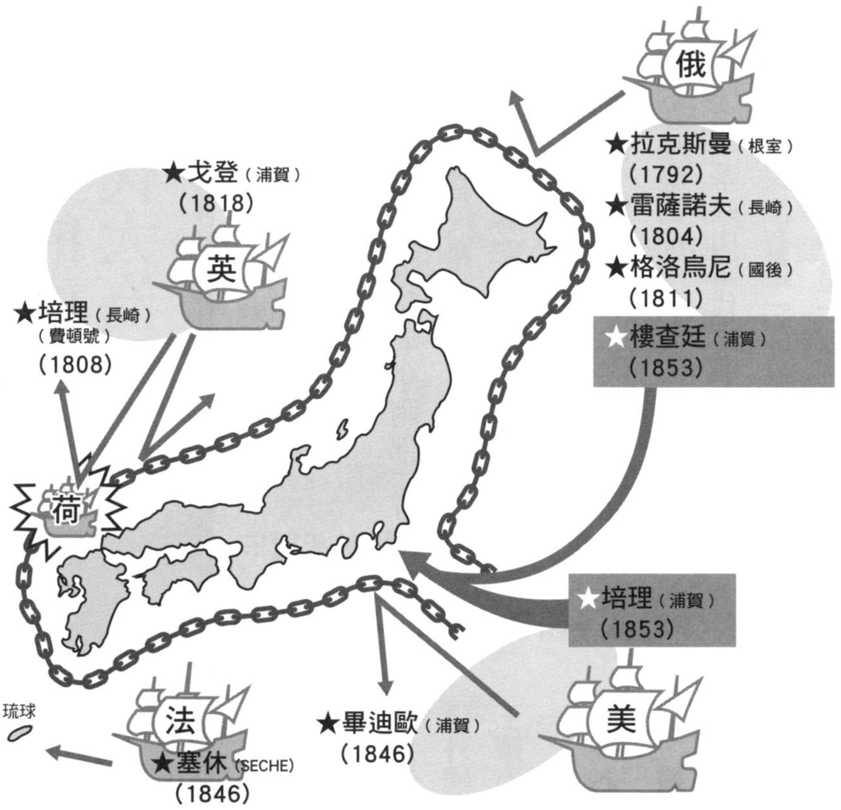

History Tips 當培里的黑船進入日本時，庶民可是一點都不驚訝，甚至還有人划著小船到黑船旁，和外國人交換物品進行買賣。

創，藩內尊攘派一度失勢轉由保守派掌握政權，最後保守派決定屈服於幕府。

不過，高杉晉作立即發動政變，奪回長州藩的政權。得知此情況的幕府再次征討長州（第二次），但長州祕密與薩摩藩結盟，從薩摩購入大量最新武器，並組成奇兵隊、長州藩諸隊（藩士和平民混合的軍隊）等近代步兵部隊擊退幕府和各大名的軍隊。此次的失利使幕府失去威信，日本揭開明治維新的序幕。

在遍體麟傷的狀態下，長州人始終沒有改變自身主張的態度，使時代發生了劇烈的變化。然而，當初如此堅持的長州藩在幫助新政府成立後，卻毫不留戀地捨棄尊攘思想，提倡過去幕府作為施政方針的「開國和親」政策。從這點來看，所謂的政治還真是不可思議。

History Tips

吉田松陰採取的教學方法是，觀察每位學生的優點，並在交談中以優點鼓勵他們，從而建立學生的自信心。

日美友好通商條約的不公之處

日本開放門戶時，和美國所締結的通商條約，內容極為不公平，顯示美國根本鄙視日本。

外國人犯罪全都無罪嗎？

一八五六年，到下田任職的美國駐日總領事哈里斯（Townsend Harris, 1804—1878）到江戶後交涉了數十回，終於在一八五八年和日本締結了日美友好通商條約。條約中涵蓋了多項不平等條款，例如：最惠國待遇、租借地、領事裁判權、協定關稅等等。其中以領事裁判權及協定關稅制度對日本最為不利。「領事裁判權」是一種治外法權制度，也就是在日本犯下罪行的外國人，可直接交由該國駐日領事裁決；換句話說，日本人不能審判外國人的罪行。據說當美日雙方在討論這項條款的時候，日本官員竟無人提出異議。因為他們非但不認為領事裁判權不妥，還沾沾自喜認為這條條款，省去了日本人審判外國人的麻煩。據聞哈里斯之所以要求治外法權，是因為日本的刑罰太過嚴苛。區區偷竊、搶劫就判斬首，讓他們無法忍受。進入明治盛世之後，日本雖然引進近代法制，不過這條法令還是沒有撤廢。

對貿易極為不利的課稅制度

要對貿易商品進行課稅，提出的一方不是美國，而是幕府。當然哈里斯最想要的是自由貿易；而巧妙利用提議，藉由雙方協議以制定稅率協定制度的人，正是哈里斯。雙方人馬協商的結果，出口商品的稅率訂在五%，而進口商品大致設定在二十%。不能自行決定自已國家的稅率，其實是一種非常不利的限制。更糟糕的是，八年後的

供貨不足，價錢也在極短時間內，漲了將近十倍。連帶也讓其它物價產生波動跟著上揚，人民的生活因此被壓得喘不過氣來。據說討伐幕府的運動之所以那麼盛行，和人民不滿物價高漲有絕對密切的關係。因此對幕府而言，同意門戶開戶，無疑是自尋死路。此外，自國外進口的廉價綿紗、紡織品亦重創了國內的紡織業者。

最嚴重的是，既有的物流機構因而倒閉了。因為對外貿易開始之前，所有的商品都是經過江戶的批發商，再轉送到全國各地。但是對外貿易開動後，地方上的商家都直接把貨送到了港口。幕府在莫可奈何之下，為了穩定物價、保護批發商，於是發布「五品江戶迴送令」（一八六〇年），也就是雜糧、燈油、蠟、布匹、生絲等五種商品必須經由江戶才能送到港口。但是成效不彰。當然貿易盛行也有好的一面，例如在生產生絲、茶葉製造的過程中，需要大量勞工，所以有人增建廠房、雇用勞工，開始出現工廠制手工業，間接塑造了資本主義經濟奠定了基礎。

幕府的對外貿易

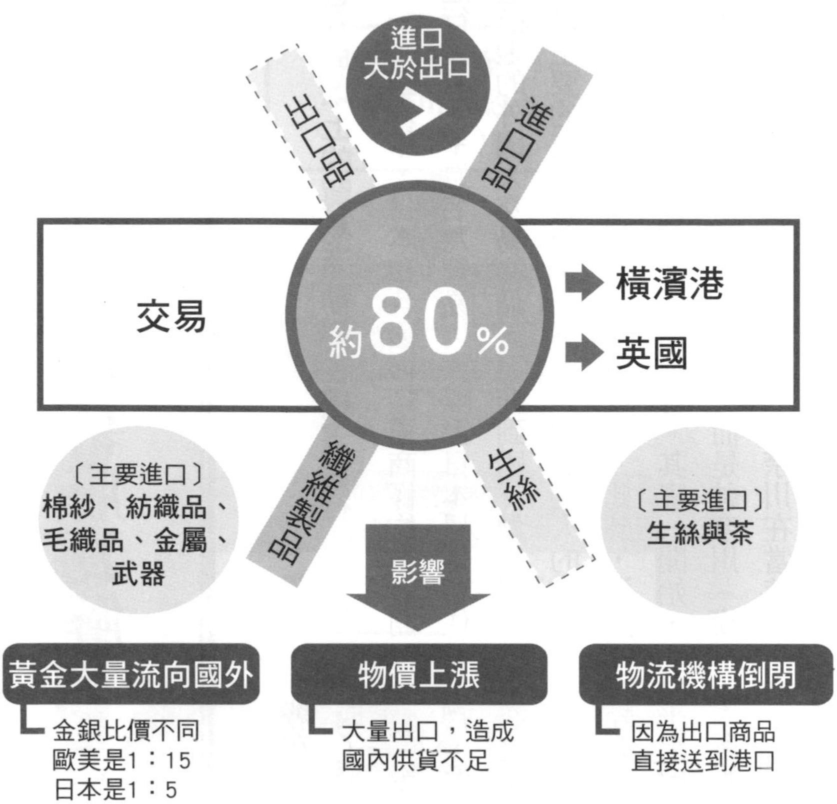

History Tips 日本和外國的金銀比價有極大的差異，所以對外貿易才一開始，日本就有十萬兩的黃金流向國外。幕府於是連忙鑄造黃金含量一兩的金幣。

幕末思想十五年內的驚人改變

一八五三～一八六七年◆幕末思想的變遷

幕末的思想，從尊王攘夷到公武合體論，再演變到討幕論。

從尊王攘夷到公武合體

從培理來航到幕府崩毀只有短短的十五年。但是在這十五年裡，幕府的思想動向卻非常複雜。「尊王攘夷」（尊攘論）涵蓋了兩個個別的儒教思想，一是尊王論（以天皇為貴），一是攘夷論（驅逐外國人）。將這兩種思想結合在一起的是水戶藩的會澤正志齋。[*2]培理的來航、各國強行要求締結通商條約，一再突顯幕府的軟弱外交，這讓許多人更加期待天皇，於是尊王論普及到全國各地。

另一方面，也有極少數人高唱門戶開放論，勝海舟就是典型的代表。當時官居大老的井伊直弼，站在幕府獨裁的立場（佐幕論），嚴厲鎮壓尊攘主義者（安政大獄事件）[*3]，但他卻在櫻田門外被暗殺身亡，使得幕府威望更加低落。於是幕府決定採取和朝廷融合，口徑一致對外的公武合體論立場。

薩摩藩（鹿兒島）、會津藩（會津若松市）、土佐藩（高知市）也相繼採取同一立場，但是公武合體派人士抬頭之後，和長州的尊攘派互相攻訐，一八六三年，長州派（現山口縣西部、北部）徹底失勢，被摒除在朝廷權力中心之外（八月十八日政變）。

瞭解外國的強大因而聲討幕府

薩摩藩及長州藩在親身經歷了薩英戰爭及英、美、法、荷四國聯合艦隊炮擊下關事件後，深刻瞭解外國力量強大，覺得推翻幕府、建立一個中央集權的國家已迫在眉睫，於是在一八六六年祕密締結

一八六八～一八六九年◆戊辰戰爭的演變

官軍如何平定全國？

雖然幕府將政權奉還，但是勢力仍在，所以卯盡最後的力量發動戊辰戰爭。

官軍從京都打到江戶

從鳥羽、伏見之戰開始到五稜郭之戰結束，稱為戊辰戰爭，官軍在戊辰戰爭中平定了全國。一八六七年十二月，朝廷發布王政復古的大號令，樹立新政府，薩長等討幕派人士決定要將軍慶喜辭官繳回領地。但是慶喜企圖反撲，希望新政府撤回此令，並且讓他入閣參與新政。焦急的討幕派於是在江戶挑釁幕臣，終於讓幕臣失控。舊幕府軍毅然決定大舉進軍京都。在慶喜無法制止的情形下，一八六八年一月，舊幕府軍和官軍在鳥羽、伏見爆發了激烈的衝突。官軍的人馬雖不及舊幕府軍的三分之一，但是由於軍備現代化，所以擊敗了舊幕府軍。慶喜得知此事後，立刻從大阪逃回江戶，對新政府表現的畢恭畢敬，並在野寬永寺過著戒慎惶恐的生活。但是官軍（討幕派）仍視慶喜為朝敵，開始從三方向東進擊，所經之路，幾乎都未受到藩國阻撓，在三月即到達江戶。官軍和勝海舟、西鄉隆盛（1827—1877，明治維新三傑之一）會談之後，官軍即不費一兵一卒，以不流血的方式進了江戶城。為此相當不滿的彰義隊（原本的幕臣派）便集結在上野，與官軍採取敵對行動。但是官軍只花了一天的時間，就將這些人鏟除了，如此一來，整個關東等於幾乎都被官軍鎮壓了。

戰爭從東北延伸到北海道

但是在東北地方，請求和官軍對抗的會津藩等發兵前來救援，各藩間締結了奧羽越列藩同盟，擺明要反抗新政府。因此官軍在鎮壓了關東之後，將所有的軍力投向東北。於是東北戰爭開始開打。

剛開始，長岡藩還表現的勇猛無比，但是看到其它各藩吃了敗仗後，群藩同盟乃告瓦解。官軍在降服會津藩之後，平定了東北全域。但是戰火並未就此熄滅。因為拒絕把戰艦交給新政府的海軍副總督榎本武揚[*5]率著艦隊從品川移到蝦夷地箱館（今函館）的五稜郭，並以五稜郭為據點，成立蝦夷共和國。官軍在一八六九年五月，等春雪溶化後，即對五稜郭發動總攻擊，一舉攻陷。至此，戊辰戰爭宣告終結，新時代正式揭開序幕。

在戊辰戰爭中，朝廷軍的東進行動

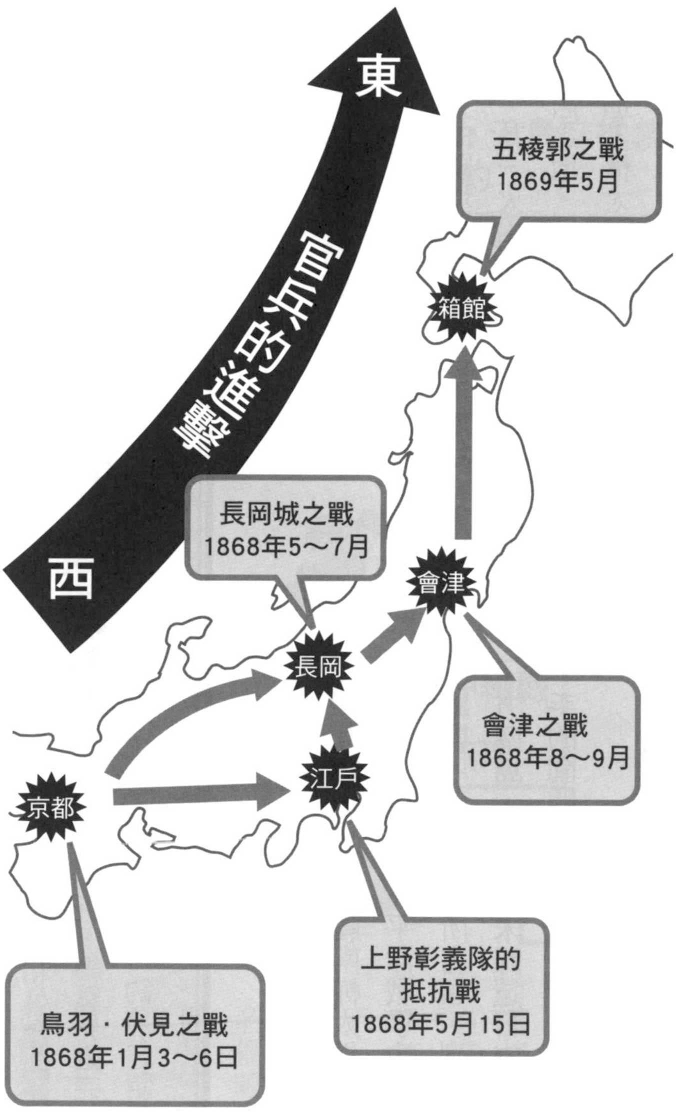

History Tips 長岡藩的家老河井繼之助，在戊辰戰爭中曾企圖讓長岡藩仿效瑞士成立中立國，但失敗，長岡藩最後還是敗給了官軍。

態嚴重，在一八六一年，派遣咸臨丸[*7]進駐，並要島民發誓服從幕府，同時安排八丈島民遷住此地，然後很自傲地向海內外表示小笠原為日本的國土。

明治政府襲承幕府的方針，一八七五年著手開發小笠原諸島，次年交由內務省管轄，由寺島宗則外務卿正式對外宣布小笠原諸島為日本的領土。一八八〇年，小笠原諸島納入東京府的管轄區內，移居的島民全都歸化為日本籍。太平洋戰爭結束後，小笠原諸島被美國所占領，但是到了一九六八年，美國將小笠原諸島歸還日本，編入東京都的轄區內，持續至今。

History Tips

關於北方領土，在一九五六的日蘇共同宣言中，蘇聯即同意在和平條約締結後，將齒舞及色丹二島還給日本，可是迄今仍無進展。

一八七一年◆廢藩置縣的目的

廢藩置縣是政府孤注一擲的策略

為了增強抵抗各國的力量，明治政府藉「御親兵」力量，一口氣直接讓政府中央集權化。

地方越來越難整合

一八六七年十二月，發布王政復古的大號令之後，形式上以天皇為首的新政府已經確立，但是實際上，這只不過是由討幕派及公議政體派裡數個藩所形成的烏合政權，所以明治政府的力量還相當微弱。後來政府在戊辰戰爭打勝仗，將據點從京都移到江戶，也把舊幕府領地改為直轄地，但是其它地方仍維持舊有的地方分權體制。也就是說全國三百個藩仍然各據一地，自行管理藩內政事。當時的亞洲國家，在歐美列強侵蝕下，想要持續保持獨立其實相當困難。明治政府有鑑於此，認為當務之急，就是解散諸藩，建立強大的中央集權國家。

於是在一八六九年，明治政府命大名將各藩的土地及領民還給朝廷。此舉稱為「版籍奉還」。但是此一命令徒具形式，並未真正落實。藩主們仍然以知藩事之名，像從前一樣管理領地內的政務。政府雖然加強干涉，但是狀況並未獲得改善，因此政府進一步命令各藩縮減兵力，但是這個命令不但沒發揮作用，還掀起了地方士紳豪族們的反政府運動，各藩的態度也開始轉硬，並祕密進行兵制改革，準備伺機舉兵顛覆政府，地方上開始呈現浮動不安的狀況。

幾近政變的廢藩置縣

見此現象，政府決定一舉將諸藩國解體，而不再等待各藩慢慢瓦解。於是將全國的知藩事叫到東京，並悄悄向薩長土（薩摩藩、長州藩、土佐藩）

也必須列入課稅的範圍。

農民對新的稅制極為不滿，以致於因反對地租改革而發生的農民武裝暴動事件，在全國各地頻傳。其中尤以一八七六年在三重縣、茨城縣發生的暴動規模最大。政府擔心農民暴動會和不平士族反動連成一氣，才將地租的稅率由三%調降成二點五%。不過即便如此，國家的財政基礎還是因地稅改革而趨向安定。

稅制改革之路

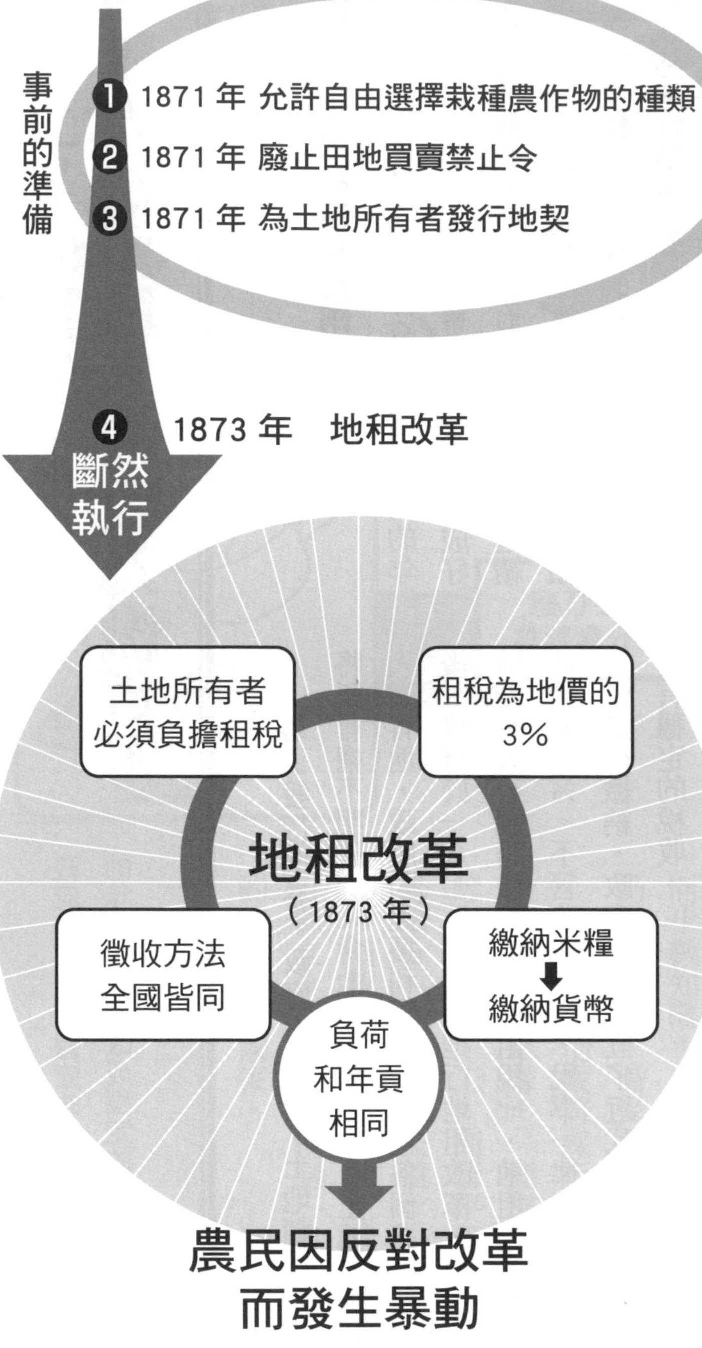

事前的準備
❶ 1871 年 允許自由選擇栽種農作物的種類
❷ 1871 年 廢止田地買賣禁止令
❸ 1871 年 為土地所有者發行地契
❹ 1873 年 地租改革
斷然執行
土地所有者必須負擔租稅
租稅為地價的3%
地租改革
（1873 年）
徵收方法全國皆同
繳納米糧
繳納貨幣
負荷和年貢相同
農民因反對改革而發生暴動

1873 年，地租占了政府總收入六千五百萬日圓中的90%，但是七年後則降到了75%。

不平士族反動的起因

特權總是令人難忘。特權遭到剝奪的士族，企圖在西日本翻身……。

武士的特權幾乎化為烏有

為了建立中央集權國家，明治政府竟然捨棄對維新有功的士族（武士），這真是歷史上的一大諷刺。一八七一年，政府斷然進行廢藩置縣，讓士族頓失所依，一八七六年，以金祿公債（補助金）取代士族代代都有的奉祿（薪金）。但是能夠只依靠金祿生活的士族，真是少之又少，所以大部分的士族就開始拿手邊的資本做生意，不過幾乎都落得失敗收場，被世人嘲笑這是「士族商法」。另外，四民平等的政策，讓武士失去了苗字帶刀*8的特權，徵兵制又讓武士失去了當戰士的價值，「廢刀令」則更進一步禁止武士帶刀。政府這些措施，不但傷及士族的尊嚴，更重挫了士族的經濟，讓他們的生活陷入窘境。因此三百萬士族的怒氣，隨時都可能爆發，並不足為奇。萬一士族們真的舉旗造反，單憑當時明治政府的力量，也不見得有能力收拾。當時有一個人為這種狀況擔心不已，那個人就是西鄉隆盛。西鄉為防患未然，提議將士族的力量轉移到國外，也就是以討伐的名義，派遣士族到朝鮮半島作戰，以消除他們心中的不滿（征韓論）。朝廷內為西鄉的征韓論吵得沸沸揚揚，最後決定中止此一提案。激論失敗的征韓論派參議員全數下台。最諷刺的是，這些原本很擔心士族造反的人，二年後竟然被捧上台，成了叛亂的首腦人物。

士族反動徹底敗北

一八七四年二月，佐賀縣終於爆發了大規模

自由民權運動蓬勃發展的原因

士族、豪農、農民有滿腹的不滿，為不滿的情緒尋求出口，他們積極要求參與政治。

民權運動分為四個階段

自由民權運動是始於一八七四年設立民選議院

	士族民權（1874～1877）	豪農民權（1877～1881）
要求	打倒藩閥政府	設立國會 輕減地租
運動的展開	呈上設立民選議院建議書 成立立志社	建自由黨 建立憲改進黨
政府的應對（制定條列等等）	讒謗律 報紙條例 （1875）	集會條例 （1880）

建議書開始，終於一八八九年的大同團結運動。雖然這些運動爭取的都是自由民權，但是運動的目的及支持階層，則可依年代，分為士族運動、豪農運動、農民運動、大同團結運動四大類。

首先，是倡導征韓論失敗的板垣退助（1837—1919）[*9]等人，以下台的參議員為主，提出了「設立民選議院建議書」。這份建議書，除了譴責政府是薩長藩獨占的體制外，還主張讓民眾參與政治。除了建議書外，板垣退助等人還在報紙上大肆鼓吹，造成極大回響，讓自由民權運動開始蠢動。

開始之初擔任運動推手的是不平士族。但是不平士族滿腦子想的還是打倒藩閥政府。並未深入瞭解民權意識，這些人在不久之後，即悖離運動的宗旨，參與佐賀之亂、西南戰爭等武力暴動（參見

自由民權運動的變遷

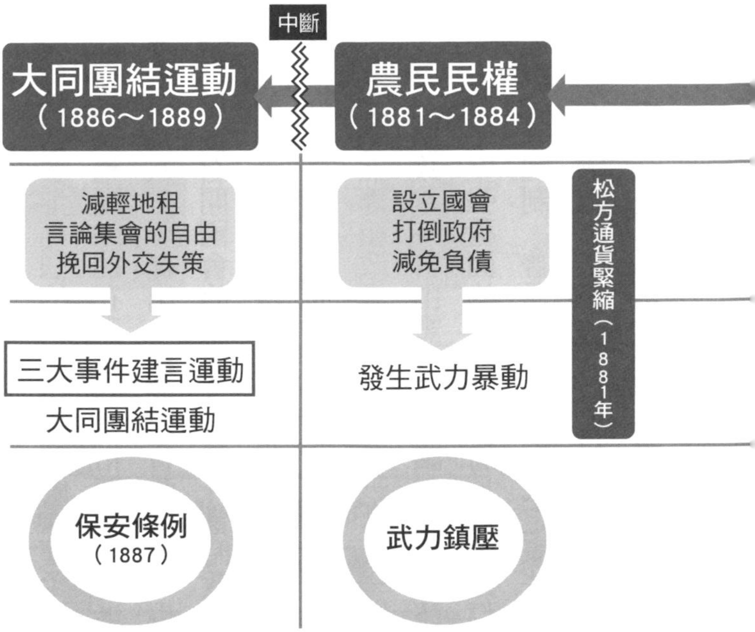

第二八七頁）。接著支撐民權運動的是豪農。江戶時代的豪農，有財力有學識，但是卻被禁止參與政治。但是明治維新之後，時代更迭，豪農取得參政權不再是夢想。一批來自全國各地，對政治有興趣的豪農，組成了「國會期成同盟」（促成國會同盟），並為要求組成國會而發起署名運動，政府迫不得已做出十年後召開國會的承諾。除此之外，這批人還在全國各農村進行演講或舉行政治集會，讓民權思想滲透到各個角度，所以連一般的農民也會加入各種活動，讓民權運動達到了最頂峰。

捨小異而就大同

因松方通貨緊縮[*10]造成經濟不景氣時，過度激情的民權運動走向了武力暴動，使得無法控制局面的民權派政黨自由黨，在短短的三年內就解散了。自由黨一解散，直接衝擊到民權運動的向心力，讓民權運動急速衰退。後來，星亨[*11]讓這股向心力又復活了。成立國會後四年，也就是一八八六年，後藤象二郎[*12]提出「捨小異而就大同」，把過去的自由民權鬥士又聚集在一起。另外，高知縣的有志之士，也向政府建議減輕地租、要求言論集會自由、挽回外交政策，這就是「三大事件建議運動」。[*13]不久，這兩股力量結合在一起，再次把原本已衰退的自由民權運動帶回以往的銳勢。但是隨著後藤入閣，自由民權運動走向無聲的世界消聲匿跡。

History Tips 板垣退助在演講中曾遭刺客襲擊，當時他慷慨激昂的說：「即使我板垣死了，自由也不會因此而亡！」幸好他只是受了點傷，並無生命危險。

一八八一年～一九四一年◆政治的系統

戰前的政黨只到大政翼贊會為止

在巨型的政黨「大政翼贊會」組成之前，有許多政黨相繼誕生，也相繼消失。

戰前各政黨的演變及風格

為迎接第一次眾議院選舉，立憲改進黨重振聲勢，並結合自由黨的力量，向選舉挑戰。結果兩黨在眾議院中取得了過半的席次。後來這兩個黨，無視政府的存在，不斷茁壯，終於組成內閣，推動政黨政治。一八九八年，原本對立的自由黨和進步黨（舊立憲改進黨）合併成為「憲政黨」，並以大隈重信為總理大臣（首相）、板垣退助為內務大臣（內政部長），組織隈板內閣。這是日本第一個政黨內閣。但是沒隔多久，就因為大臣繼任人選的問題，憲政黨分裂為憲政黨和憲政本黨兩個黨，內閣也因此走向崩解。憲政黨後來響應伊藤博文[*16]的呼籲進行解黨，並在一九〇〇年，成立立憲政友會。伊藤博文雖然是藩閥政府的重要人物，但是由於已意識到未來是政黨政治的時代，故而策劃讓憲政黨重返政壇，因為他們之間的利害關係是一致的。

從兩大政黨時代走向大政翼贊會

憲政本黨後來更名為立憲國民黨。但是一九一三年由於有半數以上的黨員脫黨，加入由桂太郎[*17]所創的立憲同志會（政府派系的政黨），因而變成了少數政黨，到了一九二二年，即宣布解黨。後來出身憲政本黨的議員，再度集合同志，組成革新俱樂部。由於沒有什麼作為，最後被立憲政友會吸收了。另外，立憲同志會在逐漸增強自己的民黨色彩後，把黨名改為憲政會，再改名為立憲民政黨，並茁壯成為當時的兩大政黨之一，並和立憲政友會輪流組織內閣。

但是，到了軍國主義色彩越來越濃的一九四〇年，提倡新體制的近衛文磨[18]等人組織了大政翼贊會。次年，所有的政黨解散，紛紛加入大政翼贊會，並積極支持政府加入世界第一次大戰。

戰前的政黨演變圖表

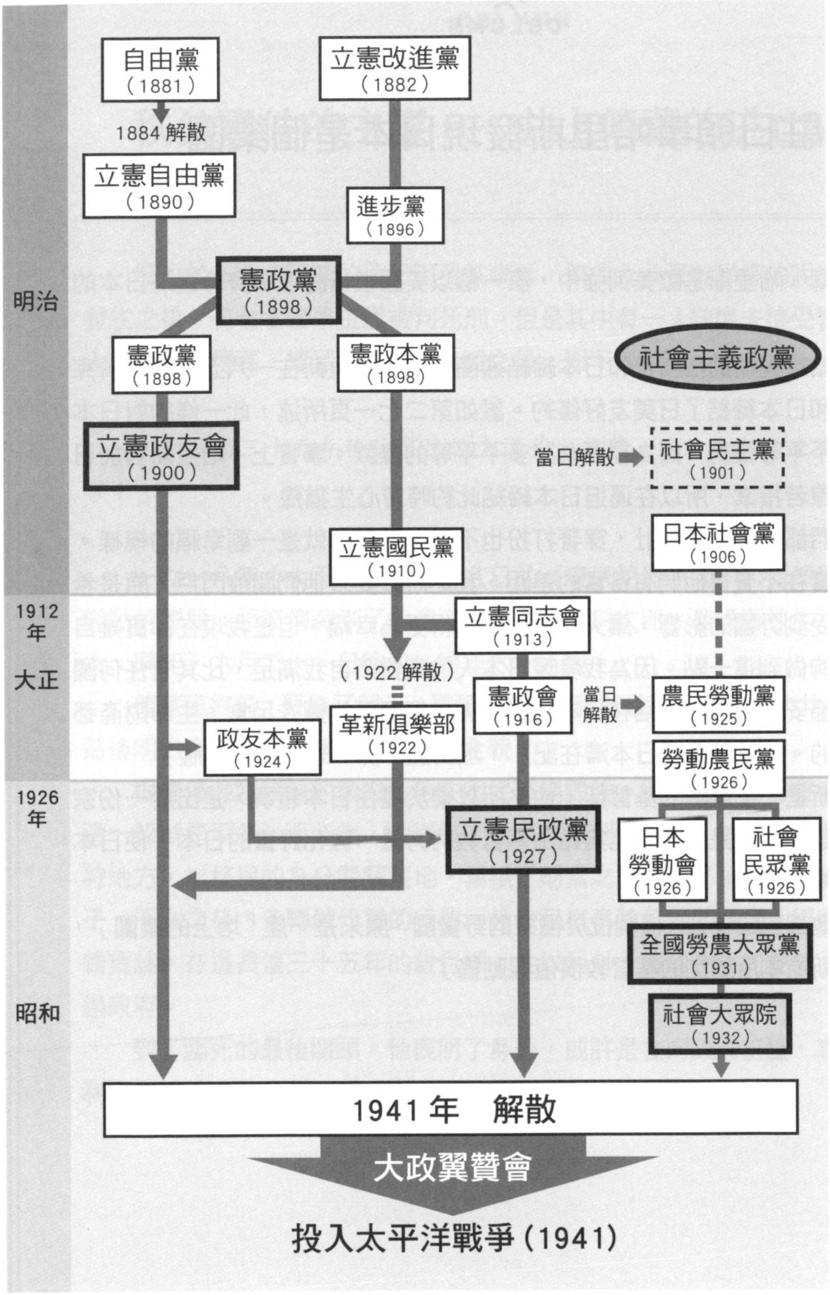

History Tips 薩長藩閥政府剛開始的時候，還不把政黨看在眼哩，並大力倡導超然主義。但隨著政黨力量年年擴大，只得乖乖把權力寶座拱手讓給為隈板內閣。

一八八一年～一八九二年◆秩父事件

松方通貨緊縮引發的武力暴動事件

為解救政府的財政危機，松方正義進行毫無計劃的緊縮財政政策，造成物價在一夕之間暴跌。

物價暴跌、到處都是「困民」

松方通貨緊縮，指的是大藏卿（財政部長）松方正義實施的緊縮財政政策。這個政策是松方在擔任大藏卿的一八八一年開始進行的。當時國家的財政已瀕臨破產，西南戰爭（參件第二八七頁）的支出，更讓國庫雪上加霜。再加上無法增印紙幣支付戰爭的費用，所以不換紙幣（不能交換金幣和銀幣的貨幣）的幣值膨漲到一億五千萬日圓之多，造成貨幣的價值一路下跌，讓政府的財政狀況更為窘困。在這種情形下，松方以增稅的方式，增加財政的收入的同時，也嚴格節減開銷，並大膽進行整理不換紙幣的大動作。據說，此一政策讓政府在短短的三年內，就償還了四千萬日圓的債務。不到幾年的光景，國家的財政是好轉了，但是流通於世面的貨幣數量卻銳減了。也就是日圓的幣值不斷高漲，物價卻不斷暴跌。其中以米價、蠶繭等的滑落幅度為最大，使得農民生活陷入窮困，只得向放高利貸的人借錢，因此走向破產的農家比比皆是。但是有一部分農民，即利用松方的通貨緊縮，改行放高利貸，以低廉的價錢收購沒落農民的土地，搖身一變成了大地主。貧農稱自己為困民，以自由黨黨員為領導，組織借錢黨、困民黨，向放高利貸的業者要求減免利息，或者暫置負債，甚至向政府機構請求救濟。但是高利貸業者、政府機構對於貧農的請求都充耳不聞，被逼得走頭無路的困民，於是就在各地掀起暴動，史稱激化事件、高田事件、群馬事件著名事件不勝枚舉；其中規模最大的就是，讓政府也非常驚愕的「秩父事件」。

一萬困民全都挺身而出

一八八四年十月三十一日，三千困民，群集在下吉田村的椋神社，分成兩隊，闖入位於郡中心的大宮鄉（秩父市），砸了高利貸業者的家、占據公所、警察署等公家機關，占領了大宮鄉。這個時候，由於許多支持者不斷加入，困民軍的人數迅速膨脹到了萬人左右。

秩父市距離東京不到六十公里，顯而易見困民軍的下一個目標就是首都。認為茲事體大的內務卿山縣有朋[*19]，立刻下令出動憲兵隊及鎮台軍（政府的正規軍）。十一月五日，終於壓制了困民軍。事後，和該事件有關的參與者陸續被捕，總計遭檢舉的人多達四千人，被沒收的火槍有二千五百隻。結果，一般的困民，因為失去了所有的財產和土地，不是淪為佃農，就是到都市從事重勞動的工作，處境非常的悲慘。但是歷史上卻找不到始作俑者松方正義對困民所表示的任何歉意。

松方通貨緊縮和激化事件

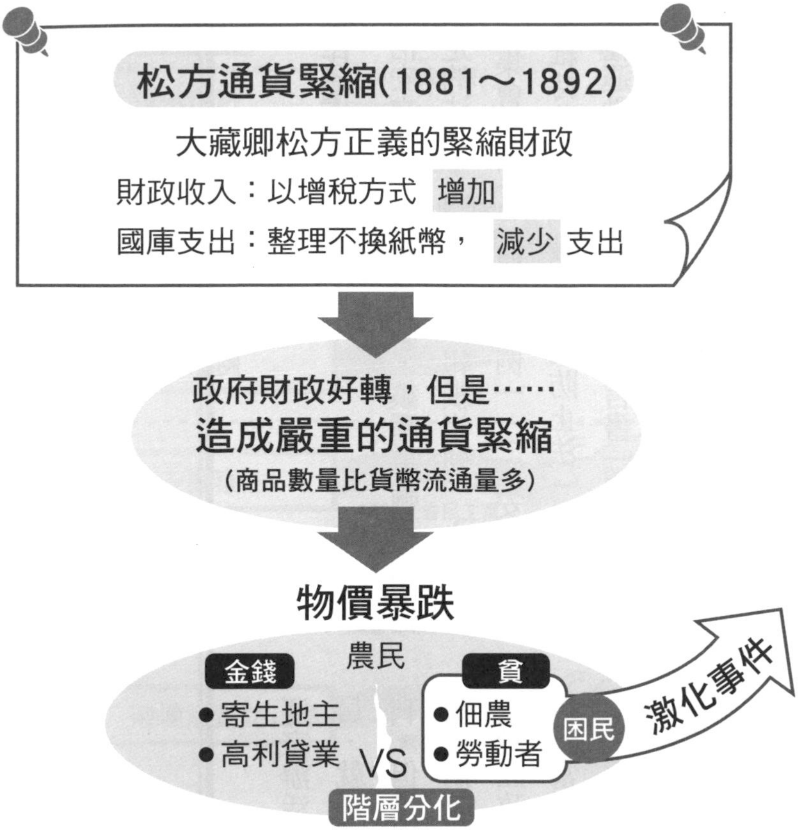

History Tips 困民黨的大野苗吉鼓動黨員：「困民的敵人是天朝，讓我們援助他們！」可見困民黨的最後目標是打倒明治政府。

為修正不平等條約耗費半個世紀

和培理締結的日美友好通商條約，是被列強諸國緊緊束縛的不平等條約。因此勢必得加倍努力修正。

修正不能付出代價嗎？

由江戶幕府和美國締結的日美友好通商條約，雖然極不平等，明治政府仍然得繼續承接。其中最不公平的兩點，就是日本承認領事裁判權（治外法權），以及日本沒有自主關稅權（協定關稅制度）。簡單的說，就是日本人不能裁審在日本犯罪的外國人，及不能借關稅禁止廉價的外國商品流入日本。

第一位正式進行條約修正交涉的是，日本第一位外務大臣（外交部長）井上馨（1835—1915）。井上的交涉，一般稱之為「鹿鳴館外交」。鹿鳴館是明治政府斥資巨款，耗時三年才建造完成的迎賓館。明治政府常在這裡招待外國高官、舉辦宴會。除了借此誇示日本是開化的國家之外，同時也趁機交涉外交事務，故稱之為「鹿鳴館外交」。但是修正條約是要付出代價的，井上允許「外國人在日本內地和日本人混居」及承認「錄用外國人為法官」。不過這兩件事卻引起輿論界的一片撻伐，最後逼得井上只好離職。緊接著上台的外相大隈重信，記取了井上的教訓，採行祕密主義，不再一起開會討論，而以個別切入的方式進行交涉，讓美國、德國、俄國都在條約上蓋下了印章。但是和英國的交涉內容，卻被「倫敦時報」獨家披露。國粹主義者知道大隈重相竟然同意「日本最高法院錄用外國法官」，遂引爆輿論炸彈，轟得大隈失去了政治的舞台。

先從治外法權下手

在大隈之後上台的是青木周藏（1844—1914），他認為只有完全解除不平等條約，才能得到全民的認同與諒解，所以決定不計代價，先行鎖定治外法權進行交涉。而且是先從最頑強的英國下手，因為攻破了最強的對手，其它國家就會順勢傾倒。沒想到英國竟然同意修改條約，可是就在英國決定在新條約上蓋章的時候，發生了「大津事件」（俄國皇子被襲事件）。青木為了對此事件表示負

修改條約的過程

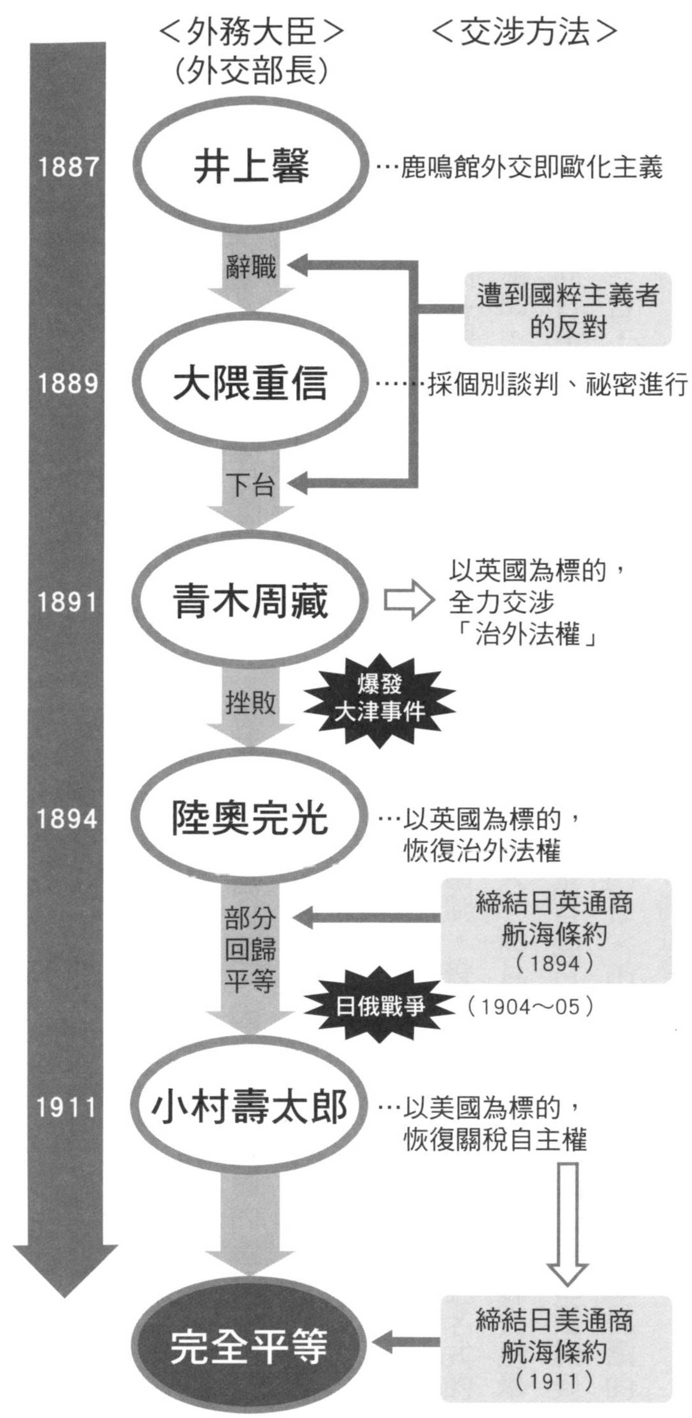

選舉制度的演變

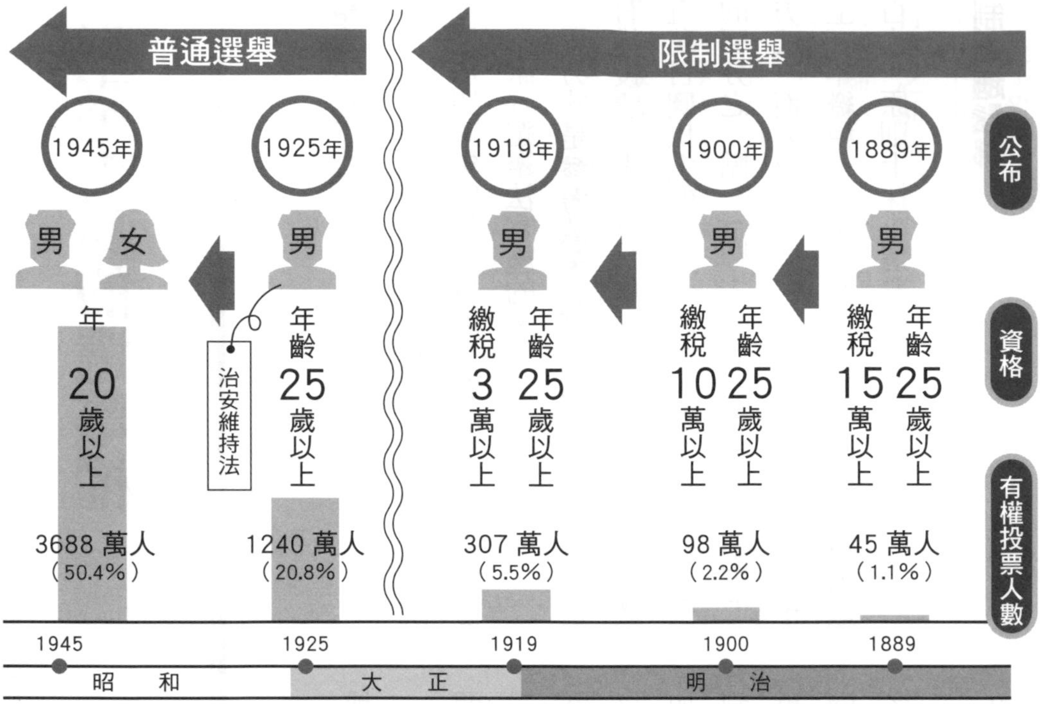

舉區制改為每區當選者為三至五名的中選舉區制。雖然如此，女性還是沒有選舉權。為了防止社會及共產主義者進入政壇，加藤高明內閣在公布普通選舉法的同時，也公布了治安維持法。

女性擁有選舉權，是在二次大戰後的一九四五年。一九四五年，凡是年滿二十五歲的國民，都有選舉的權利，所有有權投下神聖一票的人，因此占了全體國民的二分之一。而被選舉人的年齡資格限制也下降到二十五歲以上，而且首次採大選區制（每區當選人數為四名至十四名）及制限連記制（如果被選舉人只有一到五名，即為單選制；如果被選舉人有六名到十名，一張選票即可圈選兩人；如被選舉人有十一名到十六名，一張選票就可圈選三名）。但是到了一九四七年，選舉法再度修正，又恢復以往的中選舉區及單選制。現在則採小選舉區及比例代表並列制。

History Tips

1892年的選舉，當時的內政大臣（內政部長）品川彌二郎（1843-1900）為防堵政黨候選人當選，強力干涉選舉，結果造成了25死、388人受傷的悲劇。

#一八八九年~一九四五年◆大日本帝國憲法

日本帝國憲法隱含的祕密

以德國憲法為藍本制定的大日本帝國憲法，有濃厚君主強權色彩。事實上它的釋憲範疇可更寬廣。

讓民權派人士制定憲法會更糟糕

為了讓國際承認日本是一個近代國家，制定憲法當然是當務之急。但是刺激政府制定憲法的最重要因素，卻是自由民權運動的高漲。因為民運人士除了要政府承諾樹立立憲體制、組成國會之外，還高分貝地呼籲制定憲法，甚至自己開始動手私擬憲法。其中也有人提案，建議採用法國激進風格憲法模式，因為法國憲法非常重視國民權利。政府高官則一直在摸索強化天皇制和藩閥體制的憲法。但是沒隔多久，政府內部大隈重信等人，即倡導制立英國式的漸進式憲法。立場因而動搖的高官們，於是利用明治十四年的政變，將大隈逐出政府，並派伊藤博文到歐洲研究憲法。

伊藤博文在比較了歐洲各國的憲法後，決定參考君權強大的德國憲法，並於回國之後，配合日本本身的實際狀態加以修正，然後向樞密院提出制憲草案。樞密院是天皇為審議憲法草案所設立的最高諮詢機關。

釋憲具有靈活的延伸幅度

樞密院在天皇出席的情況下，針對伊藤博文所提出的憲法草案，數度進行議論之後，終於在一八八九年的二月十一日，採欽定（由天皇決定）方式，發布大日本帝國憲法。

此憲法最大的特色是，明文規定天皇擁有神聖不可侵犯的主權，也就是天皇擁有「天皇大權」的絕對權限。所以天皇是手握統治權的總攬者，不但

一八九四年～一九〇五年◆中日戰爭與日俄戰爭

中日和日俄戰爭的對手都是俄國

為爭奪朝鮮半島的主導權，而爆發的甲午及日俄戰爭，從日本的角度來看，其實對手都是俄國。

✿日本雖然戰勝了，朝鮮半島仍然被俄國搶走

中日甲午戰爭和日俄戰爭，都是因為爭奪朝鮮半島而爆發的。只是對日本來說，開打這兩場戰爭的原因，卻是為了防堵俄國的南下策略。俄國不斷擴大，進入十九世紀之後，便頻頻接觸日本列島，對日本列島虎視眈眈。明治政府看在眼裡，即考慮將朝鮮納入自己的勢力範圍內，讓朝鮮半島成為日本對俄國的防衛線，於是借著日朝友好條規的締結，將勢力伸入朝鮮半島。但是不久之後，日本即和朝鮮的宗主國中國清朝發生了摩擦。在壬午及甲申事變之後，日本失去了對朝鮮的影響力，由清朝取而代之。但是日本於一八八五年，和清朝締結天津條約，規定「兩國要派兵到朝鮮時，要相互告知。」

之後，日本即不斷擴充軍備，在九〇年代前半，實力終於凌駕在清朝之上，於是靜心等待良機，企圖一戰挽回劣勢。就在這個時候，朝鮮半島發生了東學黨之亂，在朝鮮政府的請求支援下，清朝派兵到朝鮮半島。日本也趁勢派大軍前往，兩國的大軍終於在豐島的海面（仁川港外）發生了激戰，爆發了中日甲午戰爭戰爭。結果，日本獲得了壓倒性的勝利，迫使清朝承認朝鮮獨立之外，還讓清朝割地（台灣、遼東半島）賠款。但是，俄國卻慫恿德國和法國，向日本政府提出歸還遼東半島的要求，這就是三國干涉還遼。日本將遼東半島還給清朝之後，俄再向清朝租借遼東半島。

因對俄國不滿而引爆戰爭

日本國民對此事相當氣憤，即以「臥薪嘗膽」為口號，發誓要打倒俄國。但是政府最擔心的還是朝鮮和俄國的速迅接近。如果俄國只是主張讓朝鮮成為一個獨立國家，日本不會有怨言，但是如果俄國借此機會併吞朝鮮，對日本而言，就像一把利刃插進喉管，成了生死存亡的大問題。因此日本在俄國取得滿州的統治權後，向俄國協商統治朝鮮之事，結果交涉失敗，於是日本決定發動戰爭。一九〇四年，日本和英國締結英日同盟後，即向俄國正式宣戰。日本打贏了這場仗，雖然沒能獲得俄國的賠款，但是卻讓俄國承認日本對朝鮮有優先處理權，算是達到了當初發動戰爭的目的。但是國民卻對兩國講和的內容相常不滿，甚至還因而爆發日比谷燒砸事件（群眾聚集在日比谷公園，反對講和所引發的暴動）。日俄戰爭結束後，俄國終於停止了南下策略，所以日本不但可以以朝鮮為防衛線，更進一步將朝鮮當作「市場」，進行殖民地式的經營。

俄國的南下和甲午、日俄戰爭

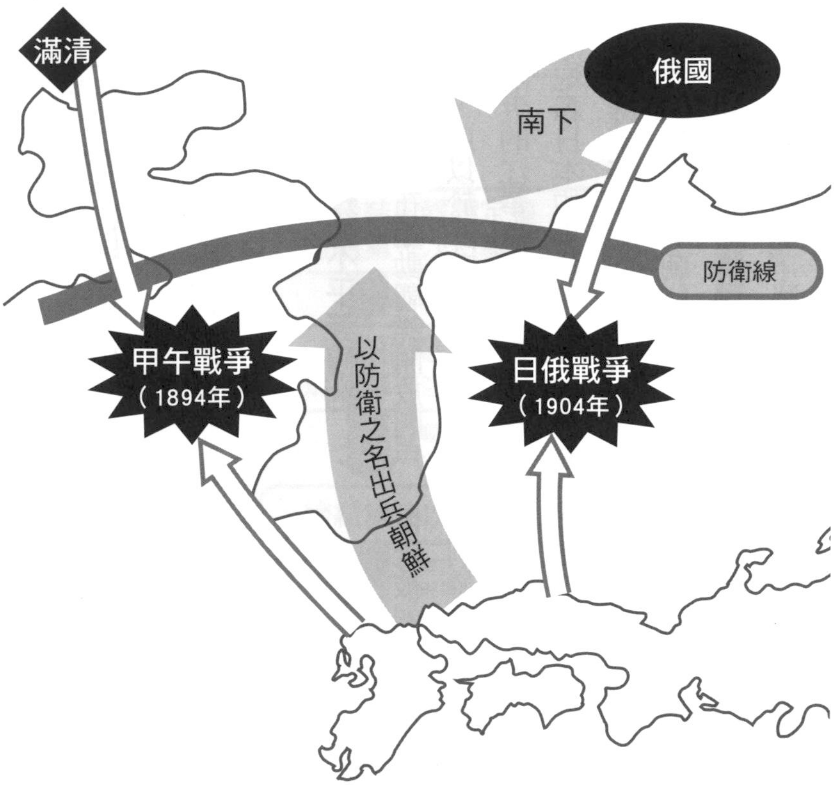

History Tips 1996年，中國政府首次向日本記者團正式公開日俄戰爭中的著名戰場，也就是遼東半島上赫赫有名的旅順。

義務教育曾經僅有十六個月

日本近代教育制度，於明治時代導入。剛開始時一片混亂。

義務教育期限忽長忽短

一八七一年，政府設文部省（教育部）。此後，學校教育即歸文部省統籌管理，一直延續迄今。和學校制度相關的第一部法令，是一八七二年，以法國教育制度為藍本所制定的學制。這個由一百〇九章條規所構成的學制，規定只要是日本國民，皆有上學的義務（義務教育的年限為八年），採學區制（大、中、小學區），並以功利及個人主義為主的自由主義為教育理念。

但是，設置全國四萬四千所小學的費用及學校所需的經費，由全國國民共同負擔。結果，這項條規引起了反對人士的武裝暴動，

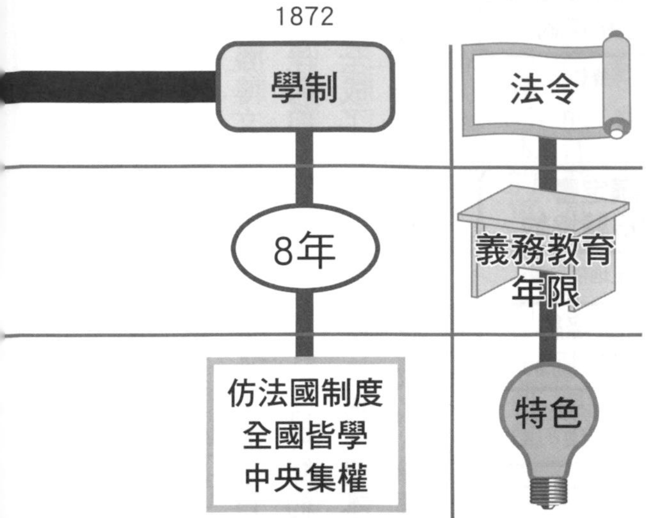

教育制度的演變

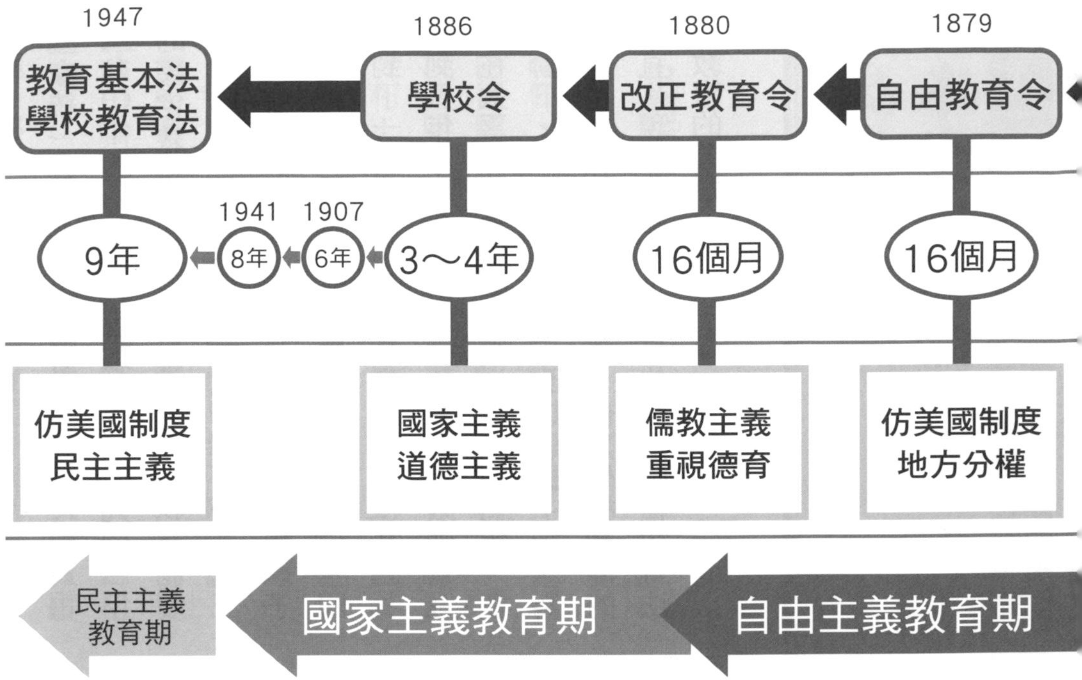

逼使文部省在一八七九年，將義務教育的期限縮短為十六個月，並廢除學區制、中止強制地方設小學，而且將學制改為學校交由村鎮鄉市民自由管理的地方分權教育令。這是文部省大輔（官名）田中不二麻呂[26]以美國的教育制度為範本所做的更改，不過基本上仍是沿襲學制的理念。但是次年，教育令又做全面的修正。因為擔心自由民權運動高漲的政府內部官員，把批判的重點全都集中在教育令上。經過修正的教育令，加強了國家的統一管理力量，不允許各學校獨自編排教育課程，並將「修身」納入小學的必修課程，以增強重視德育、儒教的國家主義色彩；另外，也將義務教育的年限稍稍延長至三年。

打造國家主義教育的學校令

一八八六年，日本第一位文部大臣（教育部長）森有禮[27]公布學校令（帝國大學令、師範學校令、中學校令、小學校令等的總

洲各國退出亞洲市場的空缺，因此出口量大增。在大戰期間，不管物品的單價漲多高，只要能製造就一定找得到買主。其中以纖維、造船、鋼鐵業的成長最為驚人。另外，因為要運送物資，日本更從船隻不足的情形下，一躍而成為僅次於英國、美國的第三大海運王國。因此有不少人因大戰景氣而一夕致富，人們稱這些人為暴發戶。他們當年的奢華情形，迄今還有人視為傳說，相互論談。但是，一般庶民並未因此而受惠。因為出口過度，造成國內物資不足、物價高漲，反而讓一般百姓的生計越來越困苦。不過，日本卻借著大戰景氣，及在第一次世界大戰期間所採取的各種行動，讓日本一下子成為先進國家，並頂著帝國主義的色彩，躋身為世界五大強國之一。

第一次世界大戰中的日本

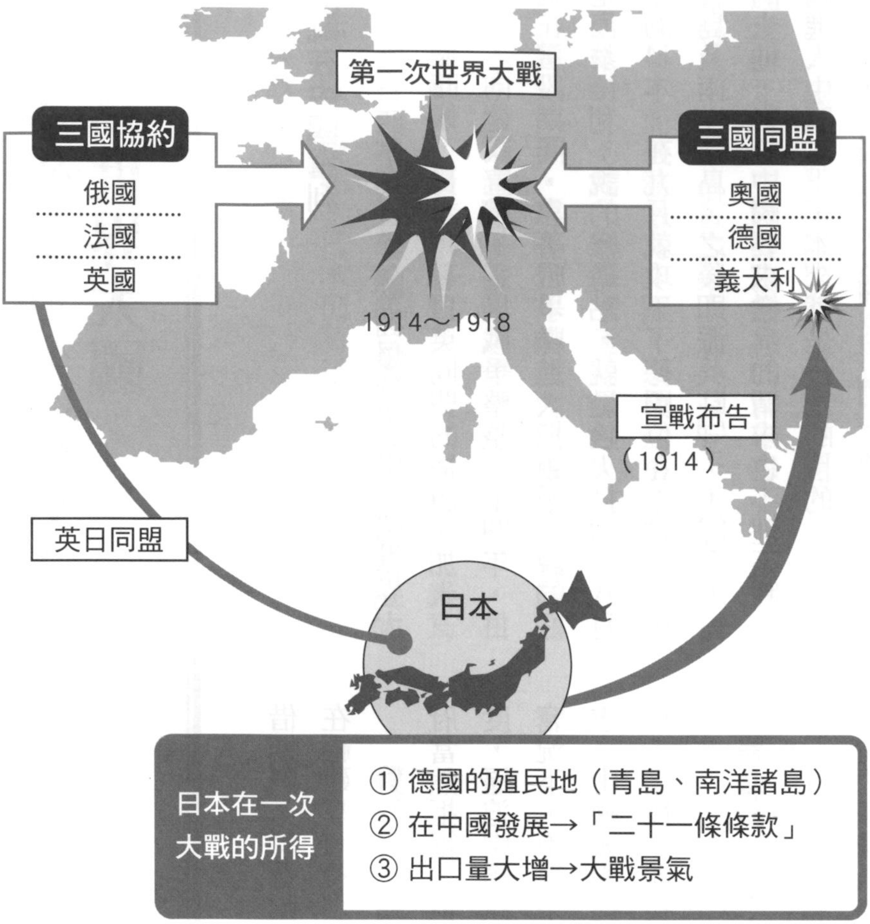

History Tips 據說有個暴發戶在離開餐廳的時候，因為燈光太暗，看不清前面的路，即拿出百元大鈔（巨額紙鈔），當場點燃照亮四周。

政黨失信，轉而期待軍部

日本在第一世界大戰期間，成功進入中國之後，即開始急速走向軍國主義之路。

陸軍行徑開始瘋狂

強迫中國接受二十一條條款之後，日本希望能更進一步統轄滿州，於是在一九二七年出兵山東。並在次年，以占領滿州為目標，暗殺了軍閥張作霖。這起行動率先打頭陣的，就是「關東軍」（駐守滿州的陸軍部隊）。不久之後，關東軍的行徑就開始瘋狂、囂張而不受管控了。一九三一年，關東軍自己炸了日本的南滿鐵路（柳條湖事件），卻嫁禍給中國軍隊，趁機占據奉天和長春，導至滿州事變的爆發。對此事變，日本政府抱持的態度是低調不擴大，但是關東軍並未遵守這個方針，反而鎮壓整個滿州，並於次年，擁立清朝的廢帝溥儀執政，成立滿州國（偽滿州國，屬於日本的傀儡國家）。

關東軍之所以會失控，是因為軍部的勢力在日本國內已經抬頭。抬頭的原因是，政黨內部發生多起貪汙、瀆職事件，失信於民，所以日本國民期望軍部能夠取代政黨。

在此背景之下，提倡國家改造的青年將官及右翼派人士，即不斷反覆上演暗殺及恐怖暴力事件的戲碼。例如：濱口雄幸[*29]首相被狙擊、血盟團事件[*30]等，政黨的力量越來越萎縮。一九三二年五月十五日，在犬養毅首相被海軍將官殺害（五一五事件）[*31]後，日本政黨政治正式宣告結束，走入了另一個軍國主義時代。軍部不許任何人批判天皇制，違反者，即被當作政治犯，帶往特別高等警察單位接受偵訊。如果以著書方式進行批判，該書必遭禁止發行。總之，軍部盡一切所能，嚴控人們的言論

一九四一年～一九四五年◆太平洋戰爭

日本為什麼會捲入太平洋戰爭？

不論是美國或日本，應該都會選擇避開全面戰爭。但是日本卻因為被要求撤離中國而開戰。

和美國交涉決裂

向美國宣戰的日本，在一九四一年十二月八日，成功奇襲美國夏威夷珍珠灣，挑起了太平洋戰爭的戰火。日美的關係之所以會出現裂痕，是因為日本進攻中國之後，更進一步企圖進入中國南方領土。日本一連串侵略行動令美國憤慨不已，於是撕毀日美通商航海條約，中止鐵屑、石油等物資出口到日本，並聯合英國、中國、荷蘭三國，形成ABCD（美國、英國、中國、荷蘭）包圍網，封鎖日本經濟。但是，日美兩國仍然極力避免引爆全面戰爭，一九四一年，日美終於找到了可以開始交涉的妥協點，可是在交涉的過程中，卻撞上暗礁。因為美國的國務卿霍爾．諾特（Hull Note）要求日本從中國大陸撤軍。兩國交涉決裂，日本決定開戰。日本打著要白人解放亞洲，建立「大東亞共榮圈」的構想，發動戰爭，攻下馬尼拉、新加坡，占領南洋諸島。但是「大東亞共榮圈」畢竟只是個口號，因為日本在占領地，不但榨取當地的軍政資源，還為了日本的利益，強迫占領地的人進行勞動。

短短的半年，局勢從優轉劣

次年的中途島海戰，讓戰況有了新的轉機。在海戰中戰敗的日軍，從原本的優勢陷入劣勢，一九四三年二月，撤離瓜達康納爾島（Guadalcanal），次年的七月失去塞班島，節節敗退的結果，讓日軍失去了制空權和制海權，並讓日本國土陷入空襲的夢魘。為了表示負責，當時的東條英機（1884—1948）內閣總辭，由小磯國昭（1880—1950，戰後為甲級戰犯，終生監禁）內閣接任，但是情況並沒有好轉。日本國內嚴重糧食不足，勤勞動員（開墾、重勞動服務等）如三餐便飯，國民的生活苦不堪言。一九四五年，美軍在沖繩登陸，日本勢必戰敗已顯而易見。

繼小磯首相之後，鈴木貫太郎（1867—1948）上台。他雖然口口聲聲要日本人民抗戰到底，卻悄悄委託蘇聯充當仲介，試著和美國講和。但是，六月一場激戰，沖繩被攻陷，八月，美國在廣島（六日）及長崎（九日）投下原子彈，蘇聯又向日本宣戰，日本政府只得在同年的八月十四日，接受由聯合軍所提出的波茨坦聯合宣言，答應無條件投降。

法西斯主義和侵略中國的二十五年

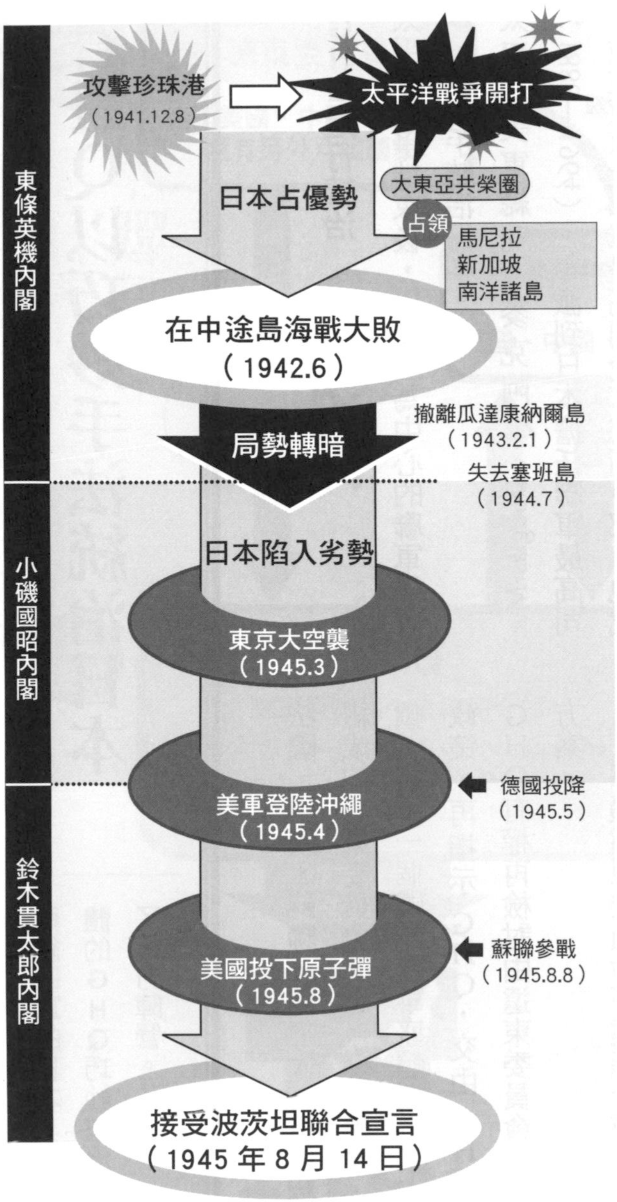

History Tips 在中途島海戰中，日本雖然擊沉了敵軍一艘航空母艦，但卻付出了慘痛的代價，除了損失4艘航空母艦、300架戰鬥機之外，還在瞬間失去了制空權及制海權。

一九四五年～現代◆邁向民主主義之道

非軍事化與民主化是日本重建的兩大方針

在美國的主導下，日本向非軍事化邁進，經濟、教育、政治，皆大幅民主化。

短短的一年即讓日本非軍事化

美國為重建日本，訂立了兩大方針：一是非軍事化、一是民主化。盟軍占領日本後，立即解散軍隊、停止軍需產業，並展開極東軍事審判，追究戰爭的責任、嚴懲相關戰犯、將協助戰爭的公職人逐出政府機構，同時也停止軍國主義的教育。

另外，還釋放了政治犯、廢除思想警察、特高員等警察、承認人人都有批判天皇制的自由，一九四六年一月，昭和天皇發表「人間宣言」，推翻了「天皇乃天照大神的子孫」，也就是否定了天皇的神格化。同年十一月三日，在GHQ的強力指示下，公布了日本憲法，憲法的第九條規定日本放棄戰爭。佔領日本的盟軍只花了短短一年的時間，就達成了讓日本非軍事化的目標。

蛻變的日本經濟結構

另外，對日本所進行的民主化政策，則著重於推動經濟、教育、政治三方面的改革。

尤其是經濟方面的民主化。為了讓日本的經濟擺脫封建的色彩，GHQ做了三項改革。這三項改革分別是財閥解體（解散財閥家族所組成的持股公司，令其支配下的企業分離或獨立）、改革農地及改革工會。日本的財閥獨占體制，被認為是軍國主義的溫床，所以GHQ將財閥解體，並制定獨占禁止法，防止日本經濟力過度集中。但是美蘇兩國開始冷戰之後，盟軍認為重建日本的經濟是當務之急，所以一干限制稍稍鬆綁，不再嚴格限制以財閥為中心的銀行企業，因此，經濟的改革就在不算完全的情況下，宣告結束。另外，也被視為軍國主義溫床的寄生地主制，則分兩個階段進行農地改革。也就是地主不在當地的全部農地，及在村地主所擁有的超過一公頃的非自耕地，由國家強制收買，然後再便宜賣給佃農。如此一來許多佃農就變成了自耕農。至於工會的改革，盟軍鼓勵日本多成立工會。由於戰時體制，日本的工會，事實上從一九四〇年就斷層了。在盟軍的獎勵之下，一九四八年，組織工會的比率就超過了五十％，同時相關部會還公布了以培育工會來保護勞工的勞動三法（工會法、勞動基準法、勞動關係調整法），至此，工會的改革算大功告成。

戰後民主化政策

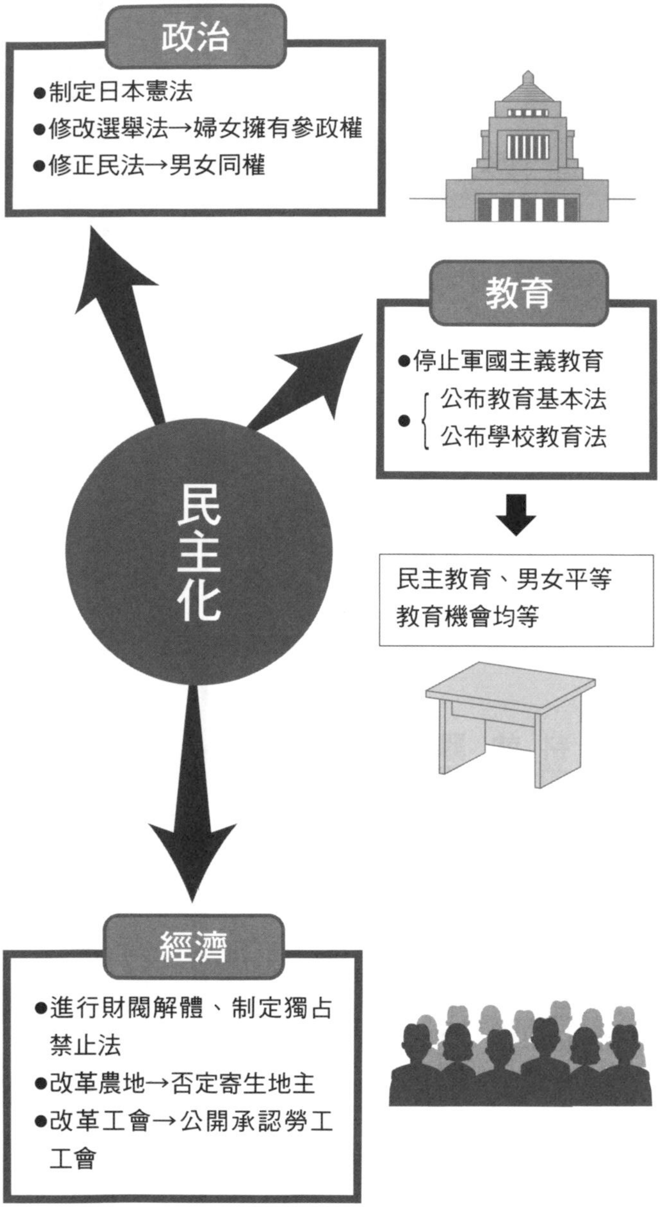
政治
●制定日本憲法
●修改選舉法→婦女擁有參政權
●修正民法→男女同權
教育
●停止軍國主義教育
● 公布教育基本法
公布學校教育法
民主教育、男女平等
教育機會均等
民主化
經濟
●進行財閥解體、制定獨占禁止法
●改革農地→否定寄生地主
●改革工會→公開承認勞工工會

History Tips 1946年，盟軍為了不讓日本國民認為東條英機首相等七名甲級戰犯是英雄，而將他們的骨灰灑在太平洋。

韓戰爆發。戰爭需要大量的軍事物資，因此韓戰爆發的四年期間，帶來了一股特別需求景氣，這讓日本的生產及輸出都急遽擴大，進因嚐到了歷時三年的神武景氣。之後，日本的經濟即一路扶搖直上，到了七〇年代初期，仍然維持高度的經濟成長，終於成為世界頂尖的經濟大國。

History Tips

1980年代後半，日本的經濟仍呈現一片好景氣（泡沫經濟），但是進入90年代之後，即開始轉為不景氣，一直到現在都尚未復甦，創下了戰後不景氣的最長紀錄。

COLUMN

「賜君莫死」短詩中提及的弟弟，後來到底如何？

女詩人與謝野晶子（1878—1942）在《明星》所發表的〈賜君莫死〉，是一篇為日俄戰爭出征的弟弟祈求平安的短歌。這篇短歌一公諸於世，就引起極大的回響。

「她是提倡反戰思想的亂臣賊子！我們應該馬上逮捕她，把她關進大牢裡！」

雖然有人抱持這種看法，但是大部分的人還是認為，短歌中充滿了姊姊想念弟弟的真情，因而產生了共鳴。

所以這篇短歌格外出名。短歌中的「君」，也就是晶子筆下的弟弟，後來到底怎麼了？似乎鮮有人知道。

晶子的這位弟弟叫籌三郎，他是晶子的大弟，由於兩人年齡相近，所以姊弟倆的感情非常好。籌三郎於一九〇三年結婚（明治三十六年），同年父親過世，他就繼承了家業。但是次年日俄戰爭爆發，籌三郎即受徵召進入軍隊。晶子聽別人說，弟弟被派往東北戰場，攻打旅順。旅順是個戰況非常吃緊的戰區，有許多士兵，都在這裡為國捐軀了。

「請求上蒼保祐！你絕不能死！」

就是這種吶喊的心聲，誕生了名詩詞〈賜君莫死〉。後來，籌三郎到底有沒有平安歸來呢？答案是，他真的從戰場上平安回來了。原來籌三郎被編入第二軍，並沒有去旅順。回到故鄉之後的籌三郎，和妻子生下了三名子女，一直活到一九四四年（昭和十九年）才去世。

1300	1400	1500	1600	1700	1800	1900	2000

鎌倉 | 室町時代 | 戰國時代 | 江戶時代 | 明治時代 | 大正·昭和·平成

- 鎌倉佛教
- 執權政治
- 北山文化
- 東山文化
- 桃山文化
- 元祿文化
- 化政文化
- 尊王攘夷論抬頭
- 明治維新
- 自由民權運動
- 富國強兵·殖產興業
- 大正民主
- 軍部勢力抬頭
- 戰後的復興
- 日本戰後經濟奇蹟

一三三四年 後醍醐天皇推行建武新政。
一三三八年 足利尊氏擔任征夷大將軍（室町幕府）。
一三九二年 南北朝統一。
一三九七年 建造鹿苑寺（金閣寺）。
一四六七年 應仁之亂，日本進入戰國時代。
一五六〇年 織田信長在桶狹間突襲今川義元。
一五七三年 足利義昭遭到放逐，室町幕府滅亡。
一五八二年 本能寺之變，明智光秀殺害織田信長。
一五八五年 豐臣秀吉擔任關白。
一五九〇年 豐臣秀吉統一天下。
一六〇〇年 關原之戰。
一六〇三年 德川家康擔任征夷大將軍（江戶幕府）。
一六一四年 大阪冬之陣，隔年發生大阪夏之陣（豐臣家滅亡）。
一六一五年 制定《武家諸法度》以及《禁中並公家諸法度》。
一六三七年 島原之亂。
一六八七年 首次頒布《動物憐憫令》。
一七一六年 德川吉宗實施享保改革。
一七八七年 老中·松平定信實施寬政改革。
一八三七年 大鹽平八郎之亂。
一八四一年 老中·水野忠邦實施天保改革。
一八六〇年 井伊直弼遭暗殺（櫻田門外之變）。
一八六四～ 第一次長州征討、第二次長州征討（幕府敗北）。
一八六七年 大政奉還，發布《王政復古大號令》。
一八六八年 戊辰戰爭（～一八六九年），改元為明治。
一八六九年 版籍奉還、一八七一年廢藩置縣、一八七三年地租改正。
一八七七年 西南戰爭，不平士族的叛亂結束。
一八八五年 伊藤博文擔任首任日本內閣總理大臣，開啟內閣制度。
一八八九年 制定《大日本帝國憲法》。
一八九〇年 召開第一次帝國議會，頒布《教育敕語》。
一九一八年 引發米騷動事件。
一九二三年 關東大地震。
一九二五年 建立普選制、制定《治安維持法》。
一九四六年 頒布《日本國憲法》。
一九六四年 舉行東京奧運。

一二七四年 第一次元日戰爭（文永之役）。
一二八一年 第二次元日戰爭（弘安之役）。
一四〇四年 開啟明日貿易。
一五四三年 葡萄牙船在種子島將槍炮傳入日本。
一五四九年 聖方濟·沙勿略將基督教傳入日本。
一五九二年 豐臣秀吉向朝鮮出兵。
一六三九年 將葡萄牙的船隻驅逐出境，一六四一年完成鎖國。
一八五三年 馬修·培里於浦賀入港。
一八五四年 締結《神奈川條約》（開國）。
一八六三年 薩英戰爭。
一八九四年 甲午戰爭（～一八九五年）。
一九〇四年 日俄戰爭（～一九〇五年）。
一九一〇年 日韓合併。
一九一四年 加入第一次世界大戰。
一九三一年 爆發九一八事變。
一九三七年 開啟第二次中日戰爭。
一九四〇年 締結《德意日三國同盟條約》。
一九四一年 太平洋戰爭（～一九四五年）。
一九五一年 締結《舊金山和約》、《美日安保條約》。

第一章

1 神功皇后：仲哀天皇的皇后，天應天皇的母親，攝政達六十九年之久。

2 本居宣長：日本國學大師，他建議以山櫻為國花，此後日本皇室的紋章、勳章、國家貨幣等都以櫻花為圖繪，著有《古事記傳》。

3 內藤虎次郎（1866-1934）：文學博士，著有《樂浪遺跡出土之漆器銘文》、《蒙古開國傳說》等。

4 白鳥庫吉（1865-1942）：東洋史學家，著有《白鳥庫吉全集》十卷等。

第二章

1 空海（774-835）：日本真言宗的開山鼻祖。

2 最澄（767-822）：日本天台宗的開山鼻祖。

3 憲法十七條：教導豪族從事國家政務時所應具備的法則，並虔信佛教，強調服從國家中心的天皇。

4 冠位十二階：冠位的授與權控制於朝廷的手中，而且給予冠位的依據，重要的是不看門第，所以有助打擊貴族加強皇權。將德、仁、禮、信、義、智各分成十二階，冠則分為紫、青、紅、黃、白、黑等六種顏色，再以色澤的濃淡表示位階的大小。

5 公地公民制：所有的土地及人民都屬於國家及天皇所有，為律令制的基礎。

6 攝關：攝為攝政，關是指關白，協助成年後的天皇執行政務的重職。

7 畿內：律令國家所定的行政區域，泛指王城周邊之地。

8 東大寺大佛：奈良歷史最悠久的東大寺，建於聖武天皇天平勝寶四年（752年），因受戰火摧殘，一七○九年重建，即現在的東大寺，是全世界最大的木造建築。

9 菅原道真（845-903）：平安前期的學者，政治家。八九四年建議廢除遣唐使，著有詩文集《菅家文草》、《菅家後集》，並參與《三代實錄》的編纂。

10 源氏物語：作者紫式部，完成於一○○四至一○一○年之間，共五四卷，描繪光源氏的一生，是世界上最早的第一部長篇小說。《源氏物語》和《枕草子》被稱為日本王朝女流文學的雙壁。

11 枕草子：清少納言著。由三百多篇文章所構成的隨筆作品。

12 渡來人：由他國東渡而來的人。尤其泛指古代、四世紀至七世紀間來到日本定居的朝鮮人、中國人等。

13 大臣：和大連一樣，同為大和朝廷最高執政官，也就是由臣姓最有權勢的豪族，和大連一起參與國政。葛城、平群、巨勢、蘇我等各氏族，都曾擔任過大臣一職。但是六世紀中期之後，即由蘇我氏獨占。大化革新之後，大臣一職被廢止，取而代之的是左、右大臣。

14 大連：大和朝廷最高執政官的稱呼。以連為姓（例如大伴連、中臣連、物部連等），擁有最高權勢的人即有機會被任命為大連。此一官職後來由大伴和物部兩個氏族世襲。大伴金村失勢後，即由物部所獨占。六世紀末，物部守屋被蘇我馬子殺害之後，此一官職即消失了。

15 扶桑略記：皇圓著史書，共有三十卷。以用漢字編年體的方式記錄神武天皇到堀河天皇的歷史。六國以下的國史、記錄類、各寺的僧傳、緣起等，則以抄錄的方式記載，和佛教有關的記事相當多。

16 南都六宗：三論、法相、華嚴、律、成實、俱舍。

17 鎌倉六佛教：法然的淨土宗、親鸞的淨土真宗、一遍的時宗、榮西的臨濟宗、道元的曹洞宗、日蓮的日蓮宗。

18 神佛分離令：一八六八年頒布，目的在於凸顯天皇的徹底親政，改變人心。

19 蘇我蝦夷（-645）：為推古、舒明、皇極三朝的大臣，蘇我馬子的兒子。

20 班田收授法：由國家將土地分授給六歲以上的公民，每隔六年調整一次，死後歸公。

21 新稅制：實行統一稅制——租、庸、調。即受田人須繳納土地稅，定期

19 連歌：平民遊戲，有有心連歌及無心連歌兩種。

20 小歌：女生歌謠。

21 九條兼實（1149-1207）：鎌倉初期的大臣，博學多才，是一位和歌高人。

22 土御源通親（1149-1202）：鎌倉初期的大臣。

23 藤原基房（1144-1230）：父藤通忠通。

24 折衷式：社寺的建築樣式之一，以和風樣式為基礎，加上大唐、天竺的建築物特徵。這種建築樣式流行於鎌倉時代末期到室町室代，代表作是位於大阪府的觀心寺本堂。

25 重源僧（1121-1206）：鎌倉初期淨土宗的僧侶。

26 陳和卿：南宋的工匠，生卒年不詳。

27 運慶（-1223）：鎌倉前期的佛師，康慶之子，慶派的代表法師。

28 快慶：鎌倉時代的佛師，康慶的弟子。

29 定朝流（-1057）：平安中期的法師，康尚之子。平等院阿彌陀如來像即其大作。

30 湛慶（1173-1256）：鎌倉時代的佛師，運慶的三子。三十三間堂的千手觀音、雪蹊寺的毘沙門天三尊等，都是他的傑作。

31 吾妻鏡：記錄鎌倉幕府事績的編年體史書。共五十二卷。這是日本第一本武家記錄。

32 豬隈關白記：又稱續御曆。著者為近衛家實。

33 土岐賴遠（-1342）：土岐賴貞的五男，南北朝時代的武將。父親賴貞因為跟從足利尊氏立下許多軍功，所以擔任美濃國守護之職。

34 齋藤道三（1494-1556）：戰國時代的武將，織田長子的岳父。

35 光嚴天皇（1313-1364）：北朝第一代天皇。名量仁，後伏見天皇的皇子。

36 北条政子（1157-1225）：源賴朝的妻子，北条時政之女，也是賴家、實朝的母親。賴朝死後，和父親時政及弟弟義時一起參與幕府的政治管理。稱為尼將軍。

37 分國法：又稱為家法，或是戰國家法。戰國大名為了支配自己的領國（分國），所自訂的一套法律。雖然不像古代的律令、或近代法那麼有系統，但是已經有作為法典以及個別禁令、定書集成的形式出現。這些分國法受到鎌倉幕府法、室町幕府法，特別是御成敗式目的影響很大。隨室町幕府的衰退與莊園制的崩潰，大名以自有的法令來推動領國統治，並致力確立領主權。分國法後來逐漸發展成江戶幕府法、藩法，因此其與近世武家法有極深遠的關係。一般視大內氏壁書為最早的家法，另外像今川氏的今川假名目錄、伊達氏的塵芥集、結城氏的法度、武田氏的甲州法度等，皆為典型分國法。

38 喧嘩兩成敗：封建時代的刑法之一。對於喧譁（二者間發生糾紛、暴力衝突）者，不問誰是誰非，衝突的雙方都必須受到懲罰。室町幕府也好、戰國大名的分國法也好，皆採行喧譁兩成敗法作為仲裁的原則。江戶時代之後，雖然御定書中沒有明文規定，但喧譁兩成敗法已經成為一種慣習法（不成文規定）繼續殘存下來。

39 楠木正成（1294-1336）：南北朝時代的武將，左衛門尉，河內國土豪。一三三一年，響應後醍醐天皇，在河內赤坂城舉兵，為建武政權的建立，貢獻極多，被封為河內和泉守護。

40 二條河原（生卒年不詳）：一三三四年，二條河原寫了這部批評政治亂象的落書（信筆塗鴨之作），共八十八句，收錄於《建武年間記》中。

41 西園寺公宗（1310-1335）：企圖和北条家殘黨聯手暗殺後醍醐天皇失敗。

42 中先代之亂：中先代之亂是指發生於前一代北条氏和當代足利氏之間的亂事，也就是發生於西元一三三五年（建武二年七月至八月），由北条高時的兒子北条時行所引發的叛變。

43 護良親王（1308-1335）：後醍醐天皇的皇子，後為足利直義所殺。

44 光明天皇（1321-1380）：北朝第二代天皇，名豐仁，後伏見天皇的皇子。

45 北畠顯家（1318-1338）：南北朝時代的公家、武將，戰死於和泉石津。

46 後村上天皇（1328-1368）:第九十七代天皇，名義良，是後醍醐天皇的第七皇子。

47 高師直（（-1351）:南北朝時代的武將，足利尊氏的執事。

48 足利直冬（生卒年不詳）：南北朝時代的武將，足利尊氏的庶子、直義的養子。

49 長慶天皇（1343-1394）：南北朝末期的第九十八代，南朝第三代天皇，名寬成，是後村上天皇第一皇子。

50 後龜山天皇（-1424）：第九十九代（南朝四代）天皇，名熙成，後村上天皇的皇子。讓南北朝合而為一。

51 後小松天皇（1377-1433）：第一百代天皇，名幹仁，後圓融天皇的皇子。

52 日親（1407-1488）：室町時代日蓮宗的僧侶，通稱鐺冠上人。

53 細川高國（1484-1531）：室町後期的武將，管領細川政元的養子。

54 塚原下傳：戰國時代的劍客，新當流的開山鼻祖，生卒年不詳。

55 松永久秀（1510-1577）：室町末期的武將，三好長慶的家臣。

56 三好三人眾：指戰國武將三好長慶的三個家臣——三好長逸、岩成友通、三好政康。

57 王直（-1557）：中國明朝人，倭寇的首領。後來以五島為根據地，自稱徽王，率日本的海賊，在中國沿海進行掠奪。

58 尚巴志（1372-1439）：尚思紹的兒子，南山的佐敷按司。

59 村田珠光（1423-1502）：室町時代的茶道專家，奈良人。向一休宗純（1394-1481，室町中期臨濟宗的僧侶）參禪之後，即在茶中加入禪機，研究新茶法。

60 武野紹鷗（1502-1555）：室町末期的茶匠、富商，堺人。向村田珠光學習茶藝，他對於後世千利休等人影響深鉅。

61 侘茶：是指拒絕豪華奢糜的茶具、擺設，而重視簡單樸素寂靜、優雅境界的茶道。

62 瀧川一益（1525-1586）：安土桃山時代的武將，織田信長的臣子。因為平定一向一揆有功，被封為伊勢長島城主。

63 千利休（1522-1591）：侘茶之集大成者，也是千家流茶道的開山祖師。

64 小堀遠州（1579-1647）：江戶前期的武將兼茶藝專家、建築家。遠州流茶道的開山祖師。

65 千宗旦（1578-1658）：茶道千家的第三世。號咄咄齋或咄齋，是千家流茶道的完成者。其子宗左、宗室、宗守分家之後，創立表、裏、武者小路三大流派，讓茶道走向隆盛。

66 山本勘助：生卒年不詳，三河人。據說是武田信玄的軍師，武田流兵法的祖師爺。

67 竹中半兵衛（1544-1579）：美濃人，名重治，通稱半兵衛。

68 黑田官兵衛（1546-1604）：原名黑田孝高，通稱官兵衛，法號如水。

69 石田三成（1560-1600）：為豐臣秀吉所重用，關原戰敗，在京都被斬首。

70 島左近：左近為通稱，本名是勝猛或清興，詳細經歷不明。

71 毛利輝元（1553-1625）：他擁立第十五代將軍足利義昭，和織田信長對立。但是本能寺之變後，和豐臣秀吉親睦，為五大老之一。在關原之戰中，為豐臣軍的主將。

72 小早川隆景（1533-1597）：毛利元就的三男，五大老之一。

73 上杉景勝（1555-1623）：長尾政景的次男，上杉謙信的養子。

74 直江兼續（1560-1619）：越後的戰國大名，上杉景勝的執政。

75 伊達政宗（1567-1636）：輝宗的長子，精於和歌、茶道，將桃山文化移往仙台。

76 片倉小十郎（1557-1615）：又名片倉景剛，伊達家的重臣，深受伊達正宗信賴。

77 平城：築城的形式之一，不考慮戰術利弊，只根據地形的高低，在平地所建的城。

78 一國一城令：江戶幕府的政策之一，一六一五年頒布此令。即除本城之外，領國內的其它小城、副城一律剷平，但是並非全國都如此。

79 森蘭丸（1565-1582）：安土桃山時代的武士，美濃人，擔任織田信長的小侍，在本能寺之變中與織田信長一起戰死。

57 十返舍一九（1765-1831）：江戶後期的通俗小說家，本名重田貞一，著有《心學時計草》等作品。

58 瀧澤馬琴（1767-1848）：又名曲亭馬琴，江戶末期的通俗小說家。著有《椿說弓張月》、《俊寬僧都島物語》等。

59 與謝蕪村（1716-1783）：江戶中期的俳句歌人、畫家，編有《新花摘》、《夜半樂》等作品。

60 小林一茶（1763-1827）：江戶後期俳句歌人，著有《我是春天》、《父親的終焉日記》等。

61 浮世繪：江戶時代流行的風俗畫。所謂的「浮世」，語源出自佛教用語，十五世紀以後被解釋為「塵世」、「俗世」，十六世紀以後則意謂妓院、歌舞伎等所有享樂的世界。

62 鈴木春信（1725-1770）：江戶中期的浮世繪畫師。江戶人，本姓穗積。創錦繪，描繪如夢似幻的美人圖，引導浮世繪走向黃金時代。

63 蔦屋重三郎（1750-1797）：江戶中期狂歌作者，也是地本（在江戶地區印製發行的書，如灑落本、人情本、草雙紙等等）批發書店蔦屋的老闆。

64 司馬漢江（1747-1818）：江戶後期的洋風畫家、隨筆作家。本名安藤峻。著有《西遊日記》、《春波樓筆記》、《天地理譚》等。

65 齋藤月琴（1804-1878）：江戶末期的文人，江戶神田人。

66 戀川春町（1744-1789）：江戶中期的黃表紙作者、狂歌師，著有《金金先生榮花夢》、《鸚鵡返文武二道》等。

67 側用人：江戶幕府的職務名。在將軍身邊服侍，負責將將軍的命令傳達給老中，等於是將軍和老中之間的溝通橋樑，將軍常會聽取他們的意見。

68 朋誠堂喜二（1735-1813）：江戶後期的通俗小說家、狂歌師。本名平澤常富，與戀川春町確立了黃表紙的風格，著有《文武二道萬石通》等。

69 山東京傳（1761-1816）：江戶後期的小說家、浮世繪畫師。本名岩瀨醒，通稱傳藏，江戶人。著有《江戶生艷氣樺燒》、《通言總籬》等。

70 為永春水（1790-1843）：江戶後期的小說家，通稱越前屋長次郎，號狂訓亭等。著有《春色辰巳園》、《春告鳥》等。

71 新井白石（1657-1725）：江戶中期的儒學家、政治家。主要著作有《讀史餘論》、《藩翰譜》等。

72 春日局（1579-1643）：德川第三代將軍家光的奶娘。稻葉正成之妻，名福。為協助家光登上將軍之位，不遺餘力；並統率將軍夫人及將軍側室，不論內外都極具勢力。

73 從二位：日本的位階受我國隋唐九品正從上下階制的影響，自一位到八位，各分正、從兩級；從三位以下，每一級再分上、下兩階，即四位至八位每一位之內有四階（例如四位分為正四位上、正四位下、從四位上、從四位下）；在從八位下之下尚有大初位（上、下）和少初位（上、下）。正一位大都是贈與功績卓著的已故英雄，例如楠木正成、新田義貞、織田信長、豐臣秀吉等。

74 火付盜賊改：官職名，防患火災、捉賊捕盜、抓賭等。

75 長谷川平藏（1745-1795）：江戶中期的幕臣。擔任禦先手弓頭、火付盜賊改。

76 御三家：德川氏一族中，分尾張、紀伊、水戶等三家，是藩親中的最高位階者。如將軍宗系無子嗣繼承人，即從這三家遴選。

77 和宮（1846-1877）：仁孝天皇的第八皇女，孝明天皇的妹妹。名親子。因公武合體政策，下嫁德川家茂。

78 大政奉還：一八六七年十一月九日，德川慶喜辭去征夷大將軍之職，將政權還給朝廷，次日即獲朝廷的許可。

79 寺社奉行：官職名。寺廟與神社的管理職，江戶幕府時代設立了寺社、町、勘定（會計）三個奉行。

80 家老上座：江戶時代協助藩主施行藩政的重臣。

81 新撰組：（亦作新選組）江戶幕府末年，為了維護京都的安全，所成立的國家警察組織。

82 池田屋事件：一八六四年六月，新撰組尊攘派志士襲擊京都三條小橋旅館池田屋的事件。

83 神之道：人和自然是共生，和神也是共生，所以神之道即為崇拜自然之道。

84 杉田玄白（1733-1817）：江戶中期的西醫醫生，蘭學之祖。為若狹小濱藩醫生之子。和前野良澤等人共同翻譯《解體新書》，對日本醫學貢獻非凡。著有《蘭學事始》、《野叟德語》等書。

85 解體新書：這是德國人克魯慕斯為醫學初學者所著的「解剖圖譜」（Anatomische Tabellen），荷蘭譯為《Ontleedkundige Tafelen》日本人通稱《Tafel Anatomie》，經前野良澤、杉田玄白等人譯為《解體新書》。

86 前野良澤（1723-1803）：江戶中期的蘭學者，豐前中津藩醫生之子。著有《和蘭譯筌》。

87 拉克斯曼：俄羅斯的軍人。一七九二年，以送還漂流的大黑屋光太夫等人為藉口，將船隻駛進根室，要求通商。

88 勝海舟（1823-1899）：江戶末期的、政治家。通稱麟太郎，號海舟。通曉蘭學和兵學，在致力於培育幕府海軍，明治維新後，擔任海軍軍官及顧問。

89 坂本龍馬（1835-1867）：名直柔，為幕末志士、土佐藩士。離開土佐藩投入勝海舟門下，大政奉還之後，在京都被幕吏暗殺。

90 佐久間象山（1811-1864）：幕末的兵學家、思想家。勝海舟、吉田松陰等都是他的得意弟子，著有《省保錄》等書。

第五章

1 井伊直弼（1815-1860）：彥根藩藩主井伊直的第十四個兒子，江戶時期的大老（大老是江戶幕府的最高職位）。

2 會澤正志齋（1782-1863）：江戶後期的思想家，水戶藩士，擁立藩主德川齊昭，推動藩政改革與尊王攘夷，致力發展水戶學，著有《新論》。

3 安政大獄事件：江戶末期孝明天皇安政五年（1858），大老井伊直弼鎮壓尊攘派人士，井伊在擁立德川家茂為第十四代將軍的同時，也重處了擁立一橋慶喜派的百餘名公卿、大名、志士，並處死了吉田松陰、橋本左內等八人。安政大獄事件堪稱是江戶史上空前絕後的大肅清。

4 公議政體派：這是幕府末年，由後藤象二郎、坂本龍馬等人所提出的政權構想。他們希望從各藩國、民間擢用優秀的人才，統籌全國的政治。

5 榎本武揚（1836-1908）：政治家。在明治政府下出任各大臣，後奉命擔任全權公使，締結樺太（庫頁島）、千島交換條約。

6 北方四島：齒舞群島、色丹島、國後島、擇捉島。

7 咸臨丸：江戶幕府於安政四年在荷蘭製造的木造蒸汽軍艦。

8 苗字帶刀：是江戶時代武士身分的特權，即武士有「姓氏」，並且身上可以佩刀。日本到一八七五年才全面規定所有百姓都要冠「姓」，在此之前，只有貴族、武士、或幕府（藩）有特殊功勞者，才賜有姓，其他百姓只有名而無姓。此外，幕府或藩的功勞者，有時也享有佩刀的恩典。

9 板垣退助（1837-1919）：一八八一年建自由黨，曾任第二次伊藤內閣及第一次大隈內閣的內相。

10 松方通貨緊縮：當時的大藏大臣松方正義和井上準之助，為了解決當時嚴重的通貨緊縮，以人為政策干預金融財政，造成物價大波動。

11 星亨（1850-1901）：政治家，江戶人。

12 後藤象二郎（1838-1897）：曾參與自由黨的建立，自由黨解散之後，展開大同團結運動。

13 三大事件建議運動：明治二十年（1887），減輕地租、要求言論集會自由、挽回外交失策。

14 大隈重信（1838-1922）：一八九八年，和板垣退助組成憲政黨，並組織第一個政黨內閣。一九一四年（大正三年），再次組閣，並決定參加第一次世界大戰。是東京專門學校（早稻田大學）的創校者。

15 福地源一郎（1841-1906）：明治前半期的政治評論家、文筆作家。著有《幕府衰亡論》、《幕府政治家》等。

16 伊藤博文（1841-1909）：四度組閣，甲午戰爭就是在他的策動下暴發的。後在哈爾濱被安重根暗殺。

17 桂太郎（1847-1913）：政治家、陸軍上將。三度組閣。一九一三年，因擁護憲政運動遭到批判而下台。

18 近衛文磨（1891-1945）：三度組閣，創立大政翼贊會。二次世界大後，服毒自殺。

19 山縣有朋（1725-1767）：江戶中期的尊王論者。

20 福澤諭吉（1834-1901）：思想家、教育家。慶應義塾的創辦者。著有《西洋事情》、《文明論之概略》等。

21 片岡健吉（1834-1903）：政治家，創立志社。國會成立之後任眾議員，後任議長之職。

22 田中一義（1864-1919）：軍人、政治家。一九一九年因東北張作霖事件下台以示負責。

23 三無事件：適用於破壞活防止法的第一號事件，也就是國史會事件，又稱三無事件。即在國家主義之下，實現無戰爭、無失業、無稅的理想境界。

24 原敬（1856-1921）：政治家，參與創設立政憲友會，因政策強硬，在東京車站遭暗殺。

25 美濃部達吉（1873-1948）：憲法、行政法學者，著有《憲法撮要》等書。

26 田中不二麻呂（1845-1909）：明治時期的文部省行政官。

27 森有禮（1847-1899）：政治家。因學制問題，遭國粹主義者暗殺。

28 教育敕語：指示日本教育基本方針的明治天皇敕語。特別強調以忠君愛國為國民道德，為天皇制的道德及精神支柱。一九四八年廢除。

29 濱口雄幸（1870-1931）：政治家，一九二八年以立憲民政黨黨魁就任首相，一九三〇年在東京車站被右翼份子狙擊身亡。

30 血盟團事件：以日蓮宗僧侶井上日召為主導者的民間右翼團體。他們標榜國家革新，提倡一人一殺（利用恐布暴力將政府的領導者一個一個殺害）。昭和七年（一九三二年），他們暗殺了井上準之助、團琢磨（血盟團事件）。這一事件後來成了右翼恐怖暴力行動的導火線。

31 五一五事件：昭和七年（一九三二年）五月十五日，因農村窮困、政治腐敗，憤怒填膺的海軍年輕將官聚眾襲擊首相官邸、日本銀行，殺害首相犬養毅。此一事件，不但讓政黨內閣時代劃下句點，並讓軍部的發言力量順勢轉強。

32 臨戰體制：臨時作戰、設陣的體制。

附錄

- 日本歷代天皇
- 鎌倉、室町、江戶幕府將軍一覽
- 戰國時代五畿七道圖表
- 現今日本地圖

附錄一　日本歷代天皇

代	天皇名	諡號的日語讀法 諡號・追號	在位
1	神武天皇	じんむ	前660年1月1日-前585年3月11日
2	綏靖天皇	すいぜい	前581年1月8日-前549年5月10日
3	安寧天皇	あんねい	前549年7月3日-前511年12月6日
4	懿德天皇	いとく	前510年2月4日-前477年9月8日
5	孝昭天皇	こうしょう	前475年1月9日-前393年8月5日
6	孝安天皇	こうあん	前392年1月7日-前291年1月9日
7	孝靈天皇	こうれい	前290年1月12日-前215年2月8日
8	孝元天皇	こうげん	前214年1月14日-前158年9月2日
9	開化天皇	かいか	前158年11月12日-前98年4月9日
10	崇神天皇	すじん	前97年1月13日-前30年12月5日
11	垂仁天皇	すいにん	前29年1月2日-70年7月14日
12	景行天皇	けいこう	71年7月11日-130年11月7日
13	成務天皇	せいむ	131年1月5日-190年6月11日
14	仲哀天皇	ちゅうあい	192年1月11日-200年2月6日
15	應神天皇	おうじん	270年1月1日-310年2月15日
16	仁德天皇	にんとく	313年1月3日-399年1月16日
17	履中天皇	りちゅう	400年2月1日-405年3月15日
18	反正天皇	はんぜい	406年1月2日-410年1月23日
19	允恭天皇	いんぎょう	412年12月-453年1月14日
20	安康天皇	あんこう	453年12月14日-456年8月9日
21	雄略天皇	ゆうりゃく	456年11月13日-479年8月7日
22	清寧天皇	せいねい	480年1月15日-484年1月16日
23	顯宗天皇	けんぞう	485年1月1日-487年4月25日
24	仁賢天皇	にんけん	488年1月5日-498年8月8日
25	武烈天皇	ぶれつ	498年12月-506年12月8日
26	繼體天皇	けいたい	507年2月4日-531年2月7日
27	安閑天皇	あんかん	531年2月7日-535年12月17日
28	宣化天皇	せんか	535年12月-539年2月10日
29	欽明天皇	きんめい	539年12月5日-571年4月
30	敏達天皇	びだつ	572年4月3日-585年8月15日
31	用明天皇	ようめい	585年9月5日-587年4月9日
32	崇峻天皇	すしゅん	587年8月2日-592年11月3日
33	推古天皇	すいこ	592年12月8日-628年3月7日
34	舒明天皇	じょめい	629年1月4日-641年10月9日

代	天皇名	諡號的日語讀法 諡號・追號	在位
35	皇極天皇	こうぎょく	642年1月15日-645年6月14日
36	孝德天皇	こうとく	645年6月14日-654年10月10日
37	齊明天皇	さいめい	655年1月3日-661年7月24日
38	天智天皇	てんじ	661年7月24日-671年12月3日
39	弘文天皇	こうぶん	671年12月5日-672年7月23日
40	天武天皇	てんむ	673年2月27日-686年9月9日
41	持統天皇	じとう	686年9月9日-697年8月1日
42	文武天皇	もんむ	697年8月1日-707年6月15日
43	元明天皇	げんめい	707年7月17日-715年9月2日
44	元正天皇	げんしょう	715年9月2日-724年2月4日
45	聖武天皇	しょうむ	724年2月4日-749年7月2日
46	孝謙天皇	こうけん	749年7月2日-758年8月1日
47	淳仁天皇	じゅんにん	758年8月1日-764年10月9日
48	稱德天皇	しょうとく	764年10月9日-770年8月4日
49	光仁天皇	こうにん	770年10月1日-781年4月3日
50	桓武天皇	かんむ	781年4月3日-806年3月17日
51	平城天皇	へいぜい	806年3月17日-809年4月1日
52	嵯峨天皇	さが	809年4月1日-823年4月16日
53	淳和天皇	じゅんな	823年4月16日-833年2月28日
54	仁明天皇	にんみょう	833年2月28日-850年3月21日
55	文德天皇	もんとく	850年3月21日-858年8月27日
56	清和天皇	せいわ	858年11月7日-876年11月29日
57	陽成天皇	ようぜい	876年11月29日-884年2月4日
58	光孝天皇	こうこう	884年2月5日-887年8月26日
59	宇多天皇	うだ	887年8月26日-897年7月3日
60	醍醐天皇	だいご	897年7月3日-930年9月22日
61	朱雀天皇	すざく	930年9月22日-946年4月20日
62	村上天皇	むらかみ	946年4月20日-967年5月25日
63	冷泉天皇	れいぜい	967年5月25日-969年8月13日
64	圓融天皇	えんゆう	969年8月13日-984年8月27日
65	花山天皇	かざん	984年8月27日-986年6月23日
66	一條天皇	いちじょう	986年6月23日-1011年6月13日
67	三條天皇	さんじょう	1011年6月13日-1016年1月29日
68	後一條天皇	ごいちじょう	1016年1月29日-1036年4月17日

附錄二 鎌倉、室町、江戶幕府將軍一覽

鎌倉幕府

初代	源　賴朝	1192年7月12日～1199年1月13日
2代	源　賴家	1202年7月23日～1203年9月7日
3代	源　實朝	1203年9月7日～1219年1月27日
4代	九條賴經	1226年1月27日～1244年4月28日
5代	九條賴嗣	1244年4月28日～1252年3月21日
6代	宗尊親王	1252年4月1日～1266年7月4日
7代	惟康親王	1266年7月24日～1289年9月14日
8代	久明親王	1289年10月9日～1308年8月4日
9代	守邦親王	1308年8月27日～1333年5月21日

室町幕府

初代	足利尊氏	1338年8月11日～1358年4月30日
2代	足利義詮	1358年12月8日～1368年12月7日
3代	足利義滿	1368年12月30日～1394年12月17日
4代	足利義持	1394年12月17日～1423年3月18日
5代	足利義量	1423年3月17日～1425年2月27日
6代	足利義宣（義教）	1429年3月15日～1441年6月24日
7代	足利義勝	1442年11月17日～1443年7月21日
8代	足利義成（義政）	1449年4月29日～1473年12月19日
9代	足利義尚	1473年12月19日～1489年3月26日
10代	足利義尹（義稙）	1490年7月5日～1493年6月29日 1508年7月1日～1521年12月25日

11代	足利義澄（義高）	1494年12月27日～1508年4月16日
12代	足利義晴	1521年12月25日～1546年12月20日
13代	足利義輝（義藤）	1546年12月20日～1565年5月19日
14代	足利義榮	1568年2月8日～1568年9月
15代	足利義昭	1568年10月18日～1573年7月18日

江戶幕府

初代	德川家康	1603年2月12日～1605年4月16日
2代	德川秀忠	1605年4月16日～1623年7月27日
3代	德川家光	1623年7月27日～1651年4月20日
4代	德川家綱	1651年8月18日～1680年5月8日
5代	德川綱吉	1680年8月23日～1709年1月10日
6代	德川家宣	1709年5月1日～1712年10月14日
7代	德川家繼	1713年4月2日～1716年4月30日
8代	德川吉宗	1716年8月13日～1745年9月25日
9代	德川家重	1745年11月2日～1760年5月13日
10代	德川家治	1760年9月2日～1786年9月8日
11代	德川家齊	1787年4月15日～1837年4月2日
12代	德川家慶	1837年9月2日～1853年6月22日
13代	德川家定	1853年11月23日～1858年7月6日
14代	德川家茂	1858年12月1日～1866年7月20日
15代	德川慶喜	1866年12月5日～1867年12月9日

附錄三 戰國時代五畿七道圖表

日本自平安時代初期形成六十六國二島的行政區劃，直至幕末無變化。明治元年（一八六八年）曾細加劃分，新增十一國，廢藩置縣時被一起廢除。六十六國二島共分為五畿七道。

有時候，也根據中國的習慣而稱各國為州，如甲斐為甲州，遠江為遠州，紀伊為紀州等，所以西海道九國合稱「九州」。

各國設有國守，即太守。

另外，陸奧、出羽（明治初年細分陸奧為岩代、磐城、陸前、陸中、陸；分出羽為羽前、羽後）地方為「東北」；山陰、山陽兩道為「中國」，這些地方是相對京都、奈良的距離遠近而言，六十六國各有遠、中、近之分，如九州諸國就屬於遠國；但通常「中國地方」僅指山陰道與山陽道，同時也有「日本國中部」之意，因為古代陸奧、出羽的大片土地還是蝦夷人的居住區；京都、大阪地方為「關西」；箱根（在伊豆與相模的交界處）以東的相模、武藏、安房、上總、下總、常陸、上野、下野八國地方為「關東」，上杉謙信的「關東管領」職，名義上管領的就是這些地方（外加甲斐、伊豆）。

畿內五國（五畿）	大和、山城、攝津、河內、和泉
東海道十五國	伊賀、伊勢、志摩、尾張、三河、遠江、駿河、伊豆、甲斐、相模、武藏、上總、下總、安房、常陸
東山道八國	近江、美濃、飛驒、信濃、上野、下野、陸奧、出羽
北陸道七國	若狹、越前、加賀、能登、越中、越後、佐渡
山陰道八國	丹波、丹後、但馬、因幡、伯耆、出雲、石見、隱岐
山陽道八國	播磨、美作、備前、備中、備後、安藝、周防、長門
南海道六國	紀伊、淡路、阿波、讚岐、伊豫、土佐
西海道九國二島	築前、築後、豐前、豐後、肥前、肥後、日向、薩摩、大隅、壹岐島、對馬島

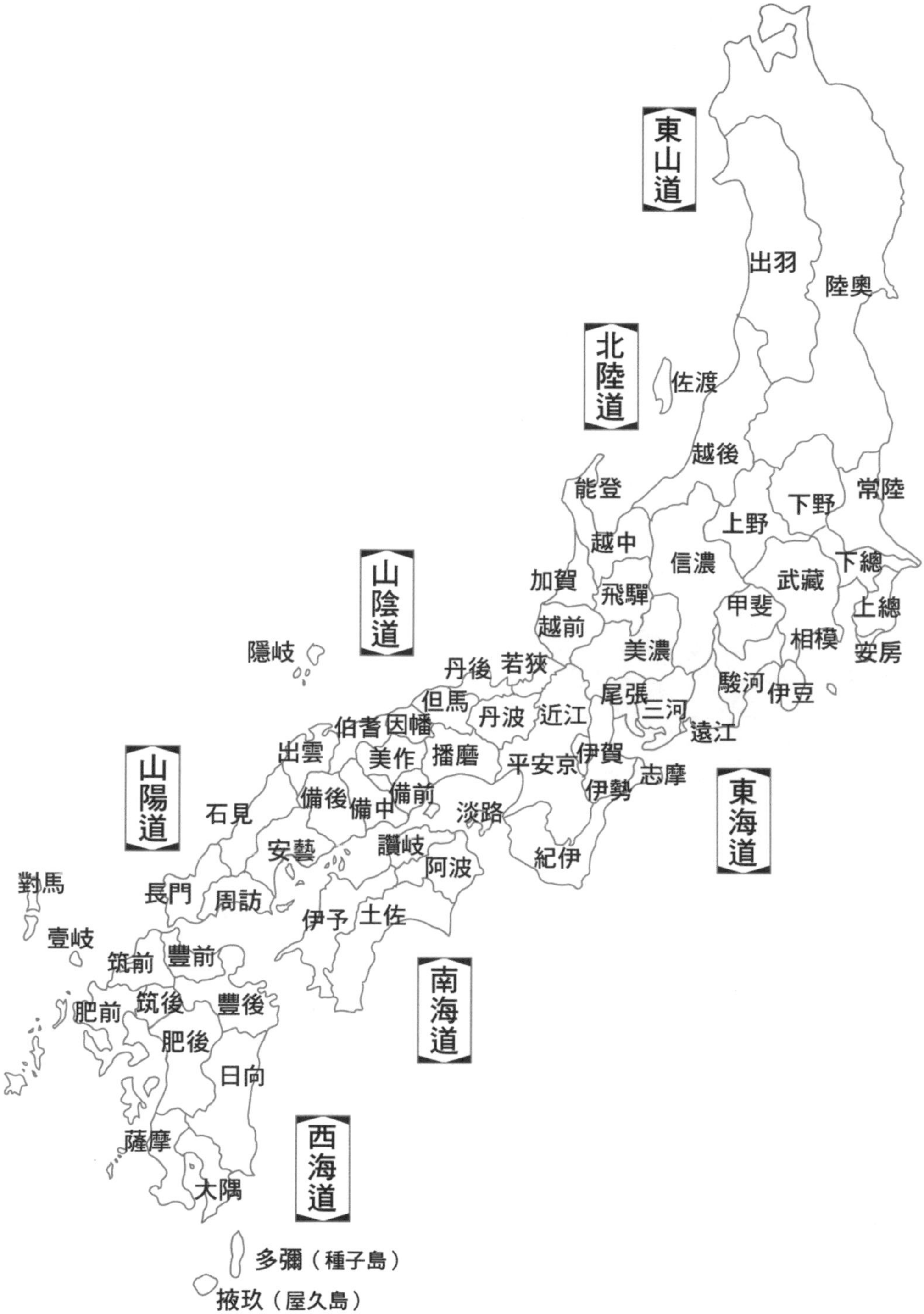
東山道
北陸道
山陰道
山陽道
東海道
南海道
西海道
出羽
陸奥
佐渡
越後
能登
常陸
下野
上野
越中
下總
信濃
加賀
飛驒
武藏
甲斐
上總
越前
相模
安房
美濃
隱岐
丹後
若狹
駿河
伊豆
但馬
尾張
三河
丹波
近江
遠江
伯耆
因幡
出雲
美作
播磨
平安京
伊賀
志摩
備後
備中
備前
伊勢
石見
淡路
安藝
讚岐
紀伊
阿波
對馬
長門
周訪
伊予
土佐
壹岐
筑前
豐前
肥前
筑後
豐後
肥後
日向
薩摩
大隅
多彌（種子島）
掖玖（屋久島）

附錄四 現今日本地圖

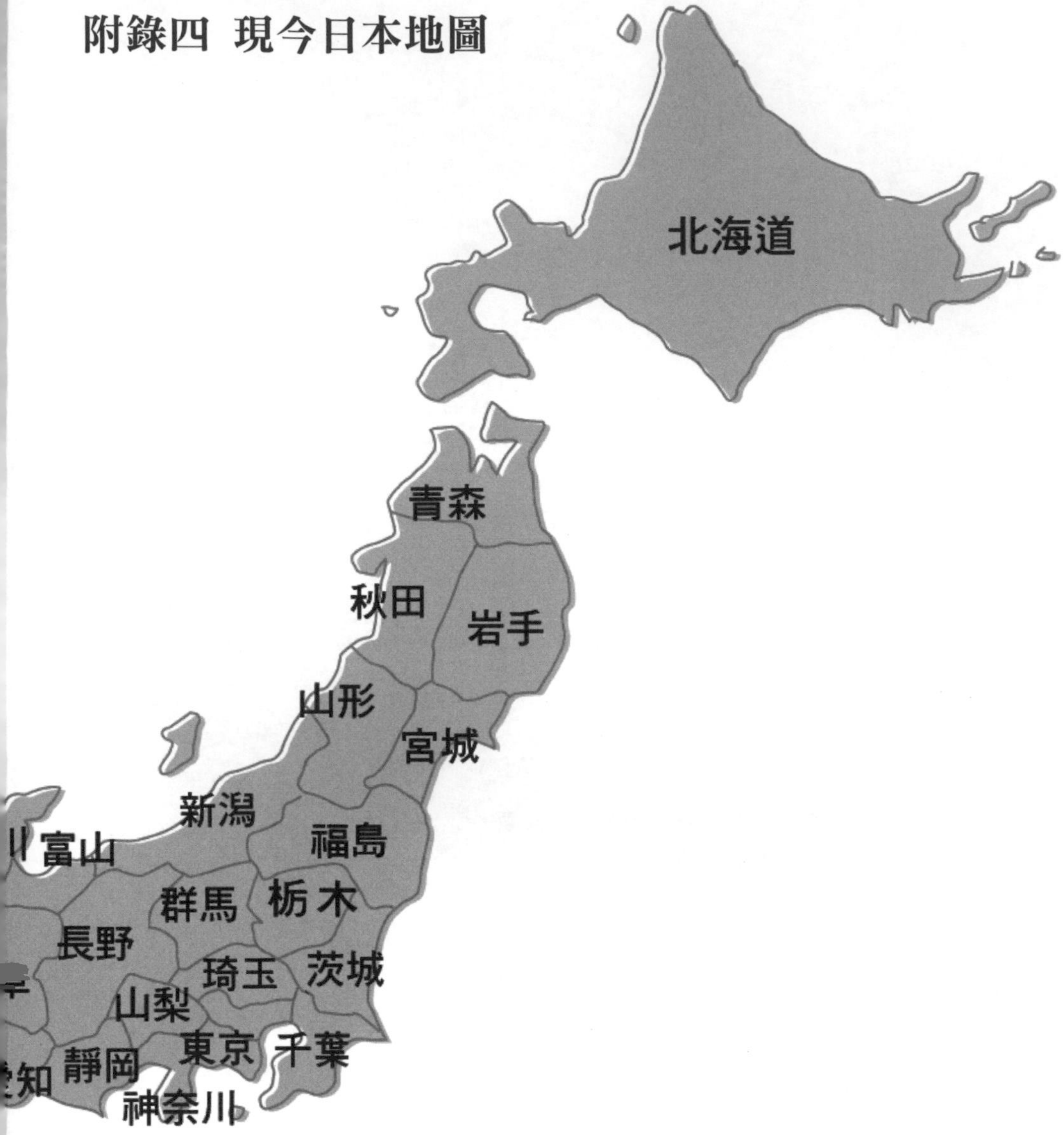
北海道
青森
秋田
岩手
山形
宮城
新潟
富山
福島
群馬
栃木
長野
琦玉
茨城
山梨
東京
千葉
靜岡
神奈川

宮崎
鹿兒島
沖繩

島根
鳥取
兵庫
山口
廣島
岡山
神戸
京都
佐賀
福岡
香川
大阪
愛媛
長崎
大分
德島
奈良
熊本
高知
和歌山
宮崎
鹿兒島

國家圖書館出版品預行編目 (CIP) 資料

早知道就讀這本・圖解日本史：繩文、鎌倉、平安到戰國，再到江戶幕府及戰後，上課、追劇後還不明白的日本歷史從這懂！/ 河合敦著；劉錦秀、劉姍姍譯 . -- 二版 . -- 臺北市：商周出版：英屬蓋曼群島商家庭傳媒股份有限公司城邦分公司發行，2022.04
面； 公分 . --（經典一日通；BI2014X）
譯自：早わかり日本史
ISBN 978-626-318-206-6(平裝)

1.CST: 日本史

731.1 111002902

經典一日通 BI2014X
早知道就讀這本・圖解日本史
繩文、鎌倉、平安到戰國，再到江戶幕府及戰後，上課、追劇後還不明白的日本歷史從這懂！

原文書名／早わかり日本史
作　　者／河合敦
譯　　者／劉錦秀、劉姍姍
責任編輯／劉羽芩
版　　權／黃淑敏、吳亭儀
行銷業務／周佑潔、林秀津、黃崇華、賴正祐

總 編 輯／陳美靜
總 經 理／彭之琬
事業群總經理／黃淑貞
發 行 人／何飛鵬
法律顧問／元禾法律事務所 王子文律師
出　　版／商周出版
115 台北市南港區昆陽街 16 號 4 樓
電話：(02) 2500-7008　傳真：(02) 2500-7579
E-mail: bwp.service@cite.com.tw
發　　行／英屬蓋曼群島商家庭傳媒股份有限公司　城邦分公司
115 台北市南港區昆陽街 16 號 8 樓
讀者服務專線：0800-020-299　24 小時傳真服務：(02) 2517-0999
讀者服務信箱 E-mail: cs@cite.com.tw
劃撥帳號：19833503　戶名：英屬蓋曼群島商家庭傳媒股份有限公司城邦分公司
訂購服務／書虫股份有限公司客服專線：(02) 2500-7718；2500-7719
服務時間：週一至週五上午 09:30-12:00；下午 13:30-17:00
24 小時傳真專線：(02) 2500-1990；2500-1991
劃撥帳號：19863813　戶名：書虫股份有限公司
香港發行所／城邦（香港）出版集團有限公司
香港九龍土瓜灣土瓜灣道 86 號順聯工業大廈 6 樓 A 室
E-mail: hkcite@biznetvigator.com
電話：(852) 25086231　傳真：(852) 25789337
E-mail：hkcite@biznetvigator.com
馬新發行所／Cite (M) Sdn. Bhd.
41, Jalan Radin Anum, Bandar Baru Sri Petaling, 57000 Kuala Lumpur, Malaysia.
電話：(603) 9056-3833　傳真：(603) 9057-6622　E-mail: services@cite.my

封面設計／兒日設計
美術編輯／簡至成
製版印刷／韋懋實業有限公司
經 銷 商／聯合發行股份有限公司　電話：(02) 2917-8022　傳真：(02) 2911-0053
地址：新北市 231 新店區寶橋路 235 巷 6 弄 6 號 2 樓

2022 年 4 月 28 日二版 1 刷
2024 年 5 月 23 日二版 2.6 刷
Printed in Taiwan

定價 400 元
ISBN：978-626-318-206-6（紙本）

ISBN：9786263182097（EPUB）

城邦讀書花園
www.cite.com.tw